苦しい心が軽くなる

思いを手放すことば

大愚元勝

KADOKAWA

目次

第1章 「お金」についての悩みを手放す

第2章

「家族」についての悩みを手放す

第3章 「健康」についての悩みを手放す

第4章 「仕事」についての悩みを手放す

第5章

「自分自身」についての悩みを手放す

第6章 「人間関係」についての悩みを手放す

デザイン　山之口正和＋齋藤友貴（OKIKATA）
DTP　新野亨
編集協力　野口久美子
編集担当　若松友紀子（KADOKAWA）

第1章

「お金」についての悩みを手放す

お金についての総論

財産を増やしたいなら自己投資を惜しまない

少し意外かもしれませんが、仏教ではお金についてもくわしく指南しています。たとえば、大富豪の息子であるシンガーラに説いた「シンガーラ経」では、財産のつくり方にも触れています。

その教えの基本は、自分の収入を４分割して使うこと。４分の１は生活費、４分の１は貯蓄、そして残りを自分の将来に投資することを勧めています。

明治神宮の森や日比谷公園の設計に携わり、「日本の公園の父」とも呼ばれる本多静六氏は、蓄財の達人としても有名です。本多氏が実践していた「４分の１天引き貯金法」は、「シンガーラ経」の教えを自分流にアレンジしたものだと言われています。

現在の価値で約１００億円ともいわれる本多氏の財産は、約２５００年前の教えから生まれたものなのです。

人間が生きていくためには、お金が必要です。衣食住を確保するお金を得るために、私たちは働きます。ただし、出家した僧侶は例外です。

僧侶は、エネルギーと時間のすべてを修行に捧げなければなりません。お金のために働くことは、修行の妨げになるとして禁じられていました。そのため、修行の一環として信者から食料や衣服や薬などの施し（布施《ふせ》）を乞《こ》う托鉢《たくはつ》が生まれたんです。

信者が、自分が働いて得たものを僧侶に分け与えるのはなぜでしょう？　おそらく、すべてを修行に注ぎ込む姿から、僧侶への信頼が生まれるからだと思います。

僧侶にしてみれば、布施は信者の思いがこもったもの。むだやぜいたくは許されません。こうしたことから、お金について理解し、きちんと向き合うための教えが生まれたのでしょう。

お金をためるだけでなく自己投資も大切

多くの人は、「お金がほしい」と思っているのに、お金について学ぼうとしません。漠然と「もっとあればいいのに」と思うだけで、自分の手元にあるお金をコントロールしていない。これでは、財産は増えません。

お釈迦様が説いた財産のつくり方でとくに注目したいのが、収入の半分を投資に回す点です。ここでいう投資とは、株式投資や投資信託などだけを指すわけではありません。

会社は、成長するための勉強や経験も含めた「自己投資」です。

会社は、仕事に必要な道具も資料も研修も、ひと通り与えてくれます。それでも、自己投資は必要です。

「与えられた仕事さえしていればよい」という人と、進んで勉強して今の仕事のプロになろうとする人では、仕事の質が違う。それに伴って、未来もかわっていきます。

自分への投資を惜しまずに努力を続ける人のほうが、当然、昇進する可能性は高いはず。待遇のよい会社に転職したり、起業したりするチャンスにも恵まれやすいでしょう。自分への投資は、財産を育てることにつながるのです。

お金のため方・使い方を考え自分なりのルールをつくる

私が主催する経営の勉強会で、目を閉じて挙手するスタイルで、参加者におおよその貯蓄額を尋ねたことがありました。そのとき、もっとも貯蓄額が多かったのが、若い事務職の女性でした。

彼女のお給料は、決して高くありません。それなのにしっかりお金をためられているのは、使い方のルールを決めていたから。お給料のうち一定の割合を必ず貯蓄に回し、残りのお金で生活するというルールを、ずっと守り続けていたのです。

彼女が幼い頃、父親は給料日に持ち帰った給料袋を、いったん仏壇に供える習慣があったそうです。あるとき彼女は、給料袋の中身をのぞいてしまい、「この金額で、どうやって家族が1カ月暮らしていけるんだろう？」と驚いたのだとか。その経験が、その後の彼女のお金とのつき合い方につながっているのでしょう。

彼女はきちんと貯蓄しながらも、大好きなテーマパークへ遊びに行ったり、経営の勉強会に参加したり……。お金を「どうためてどう使うか」をきちんと考え、マイルールをつくったことが彼女の強みです。

お金は、使えばなくなります。まずは使い方を考え、きちんと蓄財してください。同時に、自己投資を惜しまないことも大切です。進んで学び、多くのことを経験して心を育てましょう。豊かな心こそ、財産を育てるために欠かせないものなんです。

01

定年退職後、仕事も安心できるほどの貯蓄もありません。気がつくとお金の心配ばかりしてしまいます。

お釈迦様の言葉に、次のようなものがあります。「若いときに心を育てることなく、または財産をつくることもしなかったならば、魚のいない沼にいる老いた鷺《さぎ》のように悩む」。ある程度の年齢になったときに豊かになれていないのは、「心を育てること」「財産をつくること」のいずれか、または両方をしてこなかったせいだ、ということです。なかなか厳しいですね。

心と財産は、一見別々のもののように思えます。世の中には、心がやさしいのに貧しい人もいれば、人格的には疑問を感じるけれど超がつくほどお金持ち、という人もいますから。でも、お金がなければ不都合なことがあるし、心が未熟だと不安や不満がつきないものです。本当に豊かに生きるためには、心と財産の両方を育てる必要があります。

お金の価値は信用がベースになっている

今ほしいものや将来の暮らしのために、私たちは「お金がほしい」と思います。でも、そもそもお金ってなんでしょう？

お寺で飼っているヤギに1万円札を差し出したら、うれしそうに飛びついてくるでしょうか？　そんなことはありませんよね。そのへんで摘んできたスギナをあげたほうが、ずっと喜ぶはずです。

1万円札の原価は、約22円。「もの」としてのお札は、数字が印刷された22円の紙切れにすぎません。ヤギは、そのことをちゃんと見抜いているんですね。だから、「たいしておいしくなさそうな紙切れ」より、新鮮なスギナに魅力を感じるんです。

でも人間の社会では、その紙切れを1枚出せば、映画を5回見たり、缶コーヒーを80本以上買ったりすることができます。

なぜそんな不思議なことが起こるんでしょう？　それは、人がみな「この紙には1万円分の価値がある」と信じているからです。

買い手は、商品である缶コーヒーに1本あたり百数十円の価値がある、と信じるからお金を支払います。そして売り手も、相手が出したお金の価値を信じるから受け取ります。「缶の中身は水かもしれない」「このお金はニセ札かもしれない」なんて疑いがあったら、売り買いは成立しませんよね。

こうして考えてみると、お金は「信用」を形にしたもの、といえるかもしれません。日頃から心を育てることを心がけている人は、周りからの信用も厚い。そして信用を積み重ねていくことで、自然に収入も増えていく……。「心」と「財産」の両方を育てるこういった循環が、豊かさをつくる理想なのです。

心を育てることは何歳からでもできる

自分が豊かではないと感じるのなら、今日から生き方を少しかえてみてはどうでしょうか。心を育てるのに、遅すぎるということはありません。現時点で未熟な人は、今から育てていけばいいんです。

日頃から意識したいのが、「今だけ、お金だけ、自分だけ」の生き方をしないことです。まず、今だけでなく将来のことを考えると、むだなお金の使い方をしにくくなります。5年先、10年先を見据えてお金をためる習慣も身につくでしょう。

次に、お金のことばかり心配するのはやめましょう。「お金が足りない」「どうすればお金が手に入るだろう」などと考えても、増えるのはお金ではなくストレスですよね。ヤキモキする時間を、やるべき仕事や勉強に使ってみてください。

そして、自分のことだけを考える生き方は人を貧しくします。毎日の生活や仕事の中で、「人のために何かをする」ことを心がけましょう。同僚にひと声かけたり、ちょっと気をきかせたりするだけで、相手との関係がかわることもあります。

「今だけ、お金だけ、自分だけ」の生き方を見直すことは、心と財産を育てることにつながります。お金の本質は、信用です。まずは心を育てること。心が育つと信用が育ち、豊かな人間関係も財産も育つよい循環が生まれるのではないでしょうか。

お言葉

お金の心配より、未熟な心を育てることにエネルギーを注ぐ。

02

いやなことがあると、つい高額の買いものをしてしまいます。お金に余裕があるわけではないのに、やめられません。

買いものをしたくなるのは、なぜでしょう？　魅力的なものがあるから？　もちろんそれも理由のひとつです。でも、「ほしい！」という気持ちを引き起こすきっかけは自分自身の感情です。人は、感情でお金を使うんです。

人がもっとも消費行動を起こしやすいのは、「ＨＡＬＴ」の状態にあるときだと言われています。ＨＡＬＴが指すのは、Hungry（空腹）、Angry（怒り）、Lonely（孤独）、Tired（疲労）。ざっくり言えば、「不快なこと」です。

不快を避けて快を得ようとするのは、生きものの本能です。買いものには、「手持ちのお金を失う」という不快も伴います。でもそれ以上に、大きな快が手に入る。私たちは、経験からそれを知っています。

買いもので得られる快は、高額であるほど大きくなります。１００円ショップでアクセサリーを買ったら、レジでバーコードをピッと読み、目印のシールをペタッと貼って、「ありがとうございましたー」の声とともにポンと渡されるでしょう。

でも高級ブランド店だったら？　アクセサリーをていねいに包装し、素敵な紙袋の中へ。さらに、「出口までお持ちします」なんてうやうやしくお見送りまでしてくれます。帰り道では、あなたが持つブランドロゴ入りの紙袋にうらやましそうな視線を送ってくる人もいるかもしれません。

高級店に支払う金額には、アクセサリーそのものの価値に加え、自分をていねいに扱ってもらったり、「高級品だって買える自分」というステイタスを手に入れたりする気持ちよさの代金も含まれています。お金さえ出せば一瞬で大きな快が手に入る、という図式ができあがっているのです。

お金を使うのはいやなことと向き合うのを避けるため

生きていれば、よいこともいやなこともあるのが当たりまえです。でも中には、いやなことに耐えられなくなっている人もいます。

不快にきちんと向き合おうとせず、少しでも早く快で覆い隠そうとする。そのための手っ取り早い方法が、お金を使うことなんです。「いやなことがあると買いものをしてしまう」という人が求めているのは、ものではなく快。お金を出して快を求め、不快を上書きしようとしているのだと思います。

もちろん、ものを買うこと自体はいけないことではありません。生きていくためには食べものも、着るものも、住むところも必要です。

魚がきれいな水に棲みたいと思うのは、欲ではありません。同様に、人が幸せに生きるために必要なものを得たいと思ってもいいんです。問題は、十分にもっているのに「もっと、もっと」とほしがることです。

つらさに対処できるようになることで自分が成長する

大切なのは買いものをやめることではなく、「もっと、もっと」をやめること。まずは何かを買うときの基準を、「ほしい」から「必要」にかえてみてください。買う前に「本当に必要かな?」と考える習慣をつけると、これまで不要なものを買っていたことに気づけるでしょう。

同時に、いやなことと向き合えるようになることも大切です。不快を快で上書きしようとするのではなく、不快は不快として受け止める練習をしてください。

人が成長するためには、つらさや苦しさを自分なりの方法で乗り越える経験が必要です。風邪をひいたときに熱が出るのは、自分の体が病原体と闘っているから。熱を出したつらさと引きかえに、体を強くしてくれる免疫が手に入ります。心だって、同じです。苦しくても自分の力で闘ってこそ、強さや自信が身につくんです。

いやなことがあってつらいときにおすすめなのが、掃除をすることです。生きものは本来、筋肉を使うことがストレス発散につながるようにできています。だから、お金ではなく筋肉を使う！　大掃除をすれば、心にたまったマイナスのエネルギーが放出されていくはず。同時に家もピカピカになるんですから、一石二鳥ですね。

お言葉

ものではなく、快楽を買っていませんか？

03

やりたいことはたくさんあるのに、お金がないためにできません。

人間は、本当にやりたいことは必ずするものです。

寺で育った私の生活には、何かと制約がありました。子ども時代の私にとって両親は、やりたいことに必ず「ダメ」と言う存在でした。

でも、私は普通の子ども。中学生の頃、大人気だったバンド「BOØWY」にあこがれ、ギターを弾いてみたいと思うようになりました。ただし、「ギターがほしい」など、両親には言うだけむだです。おまけに、当時の私は決まった額のお小遣いをもらっていなかったので、自分でお金をためて買うこともできません。

なんとかならないかなあ……と思っていたあるとき、たまたま訪ねた親戚の家で、お宝を発見しました。弦が切れたまま、蔵の中に放置されていた古いアコースティックギター！　私は叔母に頼み、それをもらってきました。

こっそり家に持ち帰ったのはいいけれど、弦を張りかえるだけでひと苦労。技術の習得は、ギター教本が頼りです。もちろん、親に見つかったら叱られますから、家族が寝た後、頭から布団をかぶり、暗い中で弦を押さえる練習をしました。

なぜ、そこまでしたか？　本当にやりたかったからです。お金がなくてギターを買えないからといって、弾いてみたい気持ちが薄れることはありませんでした。手に入れたのが、ほしかったエレキギターではなくアコースティックギターだったことも、自分で弦の張りかえをしなければならなかったことも、睡眠時間を削って音を出さずにコソコソ練習することも、あきらめる理由にはなりませんでした。

ちなみに、初期の練習が布団の中だったことにはメリットもありました。暗い中、感覚を頼りに弦を押さえることに慣れたため、私はすぐに、手元を見ずになかなか格好よく弾けるようになりました。

「お金がない」とあきらめるのは本当にやりたいことではないから

お金がないことがあきらめる理由になるのは、それを本当にやりたいわけではないからでしょう。西澄、空海、道元といった昔の僧侶は、自分の師となる人を求めて小さな船で中国に渡りました。中国語もできないし、無事にたどり着ける保証もないのに！　彼らの命がけの渡航の原動力となったのは、仏教を学びたいという強い思いです。やりたいことというのは、自分を突き動かしてやまないものなんです。

そもそも、今はそれほどお金をかけなくても、さまざまなことができる時代です。高級すき焼きに手が届かなくても、牛丼チェーンでほどほどにおいしいものが食べられる。YouTubeを見れば、英語や韓国語だって学べます。

自分の望みが早く、効率よくかなわないと、「無理だ」「できない」とあきらめてしまう。これは、時間をお金で買うことに慣れてしまった現代人の弱点だと思います。

早さや効率を求めず
やりたいことには食らいついてみる

私が住職を務める寺に、古いひな人形のセットがあります。由緒ある寺に代々伝わる高級品……ではありません。両親が私たち子どものためにつくってくれたものです。

当時お金がなかった両親は、仕事の合間にノートを持ってデパートへ行き、七段飾りをスケッチしました。それを参考に、人形やひな道具をすべて手づくりしたんです。もうボロボロになっていますが、とても捨てることはできません。

お金がないから、ひな飾りを買えない。でも子どものために、ひな人形を飾ってやりたい。本気でそう思ったから、「スケッチしてきて手づくりする」というアイデアが浮かんだのでしょう。一体ずつ制作するには、相当な時間もかかったはずです。

お金がなくても、工夫して時間をかけることでかなう望みもあります。お金以外の解決法がなければ、コツコツ働いて必要なお金をためることもできるはずです。

「お金がない」を言いわけにすることに慣れると、自分の本当の望みも簡単に手放してしまうようになります。本当にやりたいことがあるのなら、自分の頭と時間を使ってそれを実現させる努力をしてみてください。その過程は、間違いなく自分の力になると思います。

お言葉

お金がないなら、
自分の頭と時間を使ってみる。

04

私は契約社員で、夫はフリーランス。年金が少なく、老後の生活が不安です。

60代で仕事は引退し、あとは年金でのんびり……なんて将来設計をしている人は、今すぐ自分の中の「働き方改革」が必要です。確かに、日本には老後を支える年金制度があります。でも、それだけを頼りに生きていける時代ではなくなってきていることも事実です。

仏教に「自灯明《じとうみょう》」という言葉があります。他人ではなく、自分をよりどころにして生きなさい、という教えです。老後の暮らしについても、国や会社から与えられるものを頼るのではなく、自分の力で立ち行かせるのが理想なのではないでしょうか。

そのためにできることのひとつが、貯蓄や投資。お金をためる、未来につながることに投資する、などの方法で財産を育てていくことです。

もうひとつが、自分の能力を生かして仕事を得ることです。「自分には特別な能力なんてない」という人も多いでしょう。でも、働くために必要なのは特殊な技能やとびぬけた才能ではありません。大切なのは、周りからの信頼です。

人に与えてきた人は人から与えられる人になる

将来に不安を感じる人がいる一方で、年齢に関係なく、周りから求められて仕事を続けている人もいます。実際に私の知り合いで、70歳を過ぎてもずっと同じ会社で働き続けている人がいます。偶然会ったとき、「あれ？　定年で辞めたとおっしゃっていませんでしたっけ？」と聞いたところ、「私は辞めたかったんですけどね。社長から電話が来て、また来てくれないかと言われちゃって」。

お金をもらうために仕事をしている人は、お給料以上の働きをしません。当然、会社からの待遇も決められたルール通り。定年を迎えれば、さようならです。

でも仕事を通して心を育てている人は、周りの役に立とうとします。「私のお給料なら、ここまですれば十分」ではなく、自分に何ができるか、何をすれば一緒に働く人の助けになるかを考えることができるんです。

同じお給料を払うなら、当然「人のため」に動いてくれる人のほうがいい。こんな人を、「定年だから」という理由であっさり手放す気にはなれないでしょう。人のために何かができる人、だれかに与えてきた人は、自然に信頼されるようになります。そして、いつか必ず、だれかから与えられる人になっていくのです。

自分から動いて心を育て豊かな人間関係をつくる

自分自身の心を育てるためには、「四摂法《ししょうぼう》」を心がけみてください。四摂法とは、もちつもたれつ、豊かな人間関係をつくるために役立つ４つの行為を指します。「布施」は他人に与えること、「愛語《あいご》」は人を幸せにするやさしい言葉、「利行《りぎょう》」は相手を思いやって動くこと、「同事《どうじ》」は相手の立場でものを考えること。どれも、信頼関係づくりのベースになるものです。

四摂法の積み重ねはよい仕事につながり、周囲との信頼関係も生まれます。そして心をていねいに育てていけば、自然と求められる人になっていくことでしょう。

人間と動物の能力のいちばんの違いは、人間にはすぐれた記憶力や想像力が備わっていることです。せっかくの能力を、過去を悔やんだり未来を憂《うれ》えたりするために使うなんて、もったいないと思いませんか？　それより、過去の経験から学びましょう。これからつくっていくよりよい未来を想像しましょう。

契約社員やフリーランスであることは、年金受給額から見ればネガティブな要素かもしれません。でも、ポジティブな面にも目を向けてください。正社員より自由度が高く、副業だってしやすいのではないでしょうか？　フリーランスだったら、自分の裁量で仕事の範囲を広げたり方向性をかえたりすることもできますよね？

自分のもっている畑が狭いなら、使い方を工夫すればいいんです。作物の種類をかえてみてもいいし、二毛作に挑戦したっていい。必要なのは、動いてみることです。「ああ、心配だ」なんて言いながら、こたつでみかんを食べていたのでは、現実は何もかわりません。まずはこたつから出て、心を育てる活動を始めてみてください。

お言葉

周りから求められる人、求められる働き方って？

05

友人から少額の借金を申し込まれることがあります。今後のつき合いのことを考えると断りにくい……。

私は若い頃、母に３００万円の借金を申し込んだことがあります。どうしても勉強したいことがあり、そのためにはお金が必要だったからです。当然、母からは根掘り葉掘り事情を聞かれ、父にも報告されると覚悟していました。でも母は、私の真剣さを感じ取ったのか、何も聞かずに「なんとかしてあげる」と言ってくれました。

母の予想外の反応は、私が考え直すきっかけになりました。母にお金を借りてまでするべきことだろうか？　本当に、今しかできないことだろうか？

結局、私はお金を借りるのをやめました。今すぐできないためにチャンスがなくなるなら、私にとって本当に必要なことではないのだろう、と思ったからです。その後、コツコツ働いてお金をため、自分のお金で勉強しました。学ぶ時期は少し遅れたけれど、結果的に自分が成長することができたと思っています。

お金を借りる側は身勝手な計算をしている

お金に困っているときは、頭の中がお金のことでいっぱい。お金をつくるために愛情や好意を利用し、身勝手な計算をしてしまいます。この人なら、頼めば貸してくれるだろう。借金を理由に、自分を見捨てることはないだろう……。

貸してもらえそうだと判断すると、次は相手の懐具合まで考えます。この人なら5万円ぐらいまでいけるだろう。この人はせいぜい3万円かな？

恥ずかしい話ですが、私も無意識の内にこうした計算をしたうえで母に頼んだのだと思います。残念ながら、借金をする側にとって貸してくれそうな相手は、もっとも身近な金融機関に見えているんです。

友人に貸すお金は「心配貸し」

友人から申し込まれた借金が、高額でないのは当たりまえです。「この人なら貸してくれる」「このぐらいなら出せそう」などと考えたうえで頼んでくるんですから。

銀行からお金を借りる場合は、担保が必要です。本人が返済できなくなったときに備えて、それをカバーするものや人を決めておくわけです。

それに対して友人や家族からの借金は、利息も担保もいらない「信用貸し」である場合がほとんどです。でも貸す側にしてみれば、借金を頼んでくるような相手を信用できるわけがないですよね？　実際には、「困っていそうだから」という心配からお金を出している。つまり、愛情や好意を土台にした「心配貸し」なのです。

友人にお金を貸すなら、「信用貸しじゃなくて、心配貸しだからね！」とはっきり伝えましょう。あなたが自分を思ってくれていることに気づき、借金を思いとどまる人もいるかもしれません。それでも貸し借りをする場合、貸したお金は100パーセント返ってこないと覚悟を決めておきましょう。

お言葉

借金をする側には、身近な人が金融機関に見えています。

第2章

「家族」についての悩みを手放す

家族
についての
総論

家族は社会の最小単位。全員でバランスを保つことを心がける

人類の祖先は、くだものや木の実を食べ、木の上で暮らす類人猿です。気候の変動で森が減少するのに伴って食料やなわばりを確保するのが難しくなると、木から下りるものが出てきました。そして、地上生活に適した体へと進化していきます。

地上では食料が確保しやすい半面、大型の肉食獣に襲われるリスクもあります。もっとも危険なのが、妊娠・子育て中のメス。そこで子孫を残そうとする本能から、子をもつメスは安全なところにとどまり、子の父親であるオスが食料を運んでくる、という役割分担が生まれました。これが、家族の始まりだと考えられています。

人間が「家族」をひとつの単位とするようになったのは、オスとメスが協力し合うことが生存するうえで有利だったから。生き延びて子孫を残すためには、一緒に暮らして力を合わせることがもっとも効率的だったのでしょう。

家族は互いに関わり合っている

家族を成り立たせるものは、関係性とバランスだと思います。子どもは母親との関係は本能的にわかりますが、父親との関係は学んで理解すると言われています。子どもが父親だと認識するのは、母親が頼り、尊敬する相手です。自分にとってもっとも大切な母親が信頼を示すことで、自分も父親を頼れるようになるのです。

だから、威張った態度で「父の権威」を示そうとしてもうまくいきません。子どもに尊敬されるためには、妻に信頼されることが絶対条件だからです。

幼い子どもは、親がどんな仕事でいくら稼いでいるか、なんてことに興味はありません。一流企業のエリートであることより、妻を大切にすることが父親の価値を高めます。そして両親が互いに思いやりをもち、助け合う姿を見ることで、自分も親を大切にしようと思うようになります。

父、母、子どもはそれぞれが独立した人間ですが、家族というつながりの中で深く関わり合っています。たとえば、問題行動が目立つ子どもは、両親が不仲であることが少なくありません。子どもは独立した人格であると同時に、両親の影響から逃れることができない、弱い存在でもあります。たとえ「父と自分」「母と自分」の関係がよかったとしても、子どもには「父と母」の関係も必ず影響を及ぼします。

家族という集団は、だれかひとりが引っ張っていけるようなものではありません。それぞれの力を生かし、互いに影響を与え合いながら微妙なバランスを保ち続ける必要があるんです。

家族は社会の最小単位。偏らず、節度のある関係づくりを

家族のバランスを保つためには、「中道《ちゅうどう》」が大切です。中道とは仏教の言葉で、両極端のどちらにも偏らない、バランスのとれた有り様のこと。家族に当てはめるなら、まったく規律がなく、それぞれが好き放題に振る舞うのも、反対に、「家族はこうあるべき！」などと理想像を描いてしばり合うのもよくない、ということでしょうか。

家族の関わり方は、年齢に応じてかわっていきます。親は老いていくし、子どもは成長して独立していく。大切なのは、時期や状況に応じてつながり方・バランスのと

り方をかえていくことです。

家族だからと、いつもべったり一緒に過ごす必要はありません。夫婦、親子、きょうだいといった家族ならではの関係性の中で支え合う機会さえあれば、家族の結びつきが失われることはありません。成長して親元を離れていった子どもとも、家族のイベントや法事などで共通の時間をもつことを意識してみましょう。

家族は、社会の最小単位です。子どもはまず、家庭の中で人と関わる練習をします。だからこそ、「中道」を意識してください。甘やかされるだけではなく、ときにはぶつかって理不尽さやくやしさを知ることも必要です。甘えを許さないのではなく、人の力を借りたり、やさしさを知ったりすることも大切です。

世間にはいろいろな人がいます。家族の中でさまざまな経験をしておくことは、社会に出たときに必ず役に立つはずです。

家族の運営は、会社の経営より難しい！　おまけに家族の関係がうまくいかないと、必ず社会生活にも影響が表れます。自分さえよければ、という考えはバランスを乱すもと。全員で支え合ってバランスを保っていくために、お互いへの敬意を忘れず、節度をもって「中道」を心がけていきましょう。

01

私の話を聞こうともしない夫にイライラ。いつでも自分が正しいかのような態度に腹が立ちます。

もちろん個人差はありますが、男性は年齢とともにコミュニケーション下手になる傾向があると思います。女性は、「仕事」「プライベートの友人」「子どもを介したおつき合い」など、人間関係におけるさまざまなチャンネルを上手に切りかえられることが多いもの。でも男性の場合、現役で働いている間は「仕事」が唯一のチャンネルになってしまうことが少なくありません。

家庭では肩書きなど関係なく、家族は部下ではない……と頭ではわかっているけれど、残念ながらチャンネルは仕事のまま。家族に対しても「自分のほうがよく知っている」「自分が正しい」などと、仕事モードの接し方をしてしまいます。自分にとってはそれが「普通」になっているために悪気がなく、仮に指摘されても問題点に気づけないことも多いでしょう。

さらに問題を複雑にするのが、男性に「自分が家にいることを家族が喜んでいる」という思い込みがあることではないでしょうか。とくに定年退職後などは、夫がずっと家にいるために食事の準備の回数が増えたり、自由に使える時間やスペースが減ったり、と家族の負担が増えるもの。でも本人は家族の我慢に気づかず、「やってもらって当たりまえ」となりがちです。

忙しい毎日から解放されて、夫婦でゆったり過ごせるといいな、という妻の思いと、自分にとっての「普通」が家庭でも通用すると信じて疑わない夫。残念ながら、お互いの暮らし方に関するイメージが違うために会話がかみ合わず、イライラが発生するのではないでしょうか。

「共感」が相手との距離を縮める

先代から住職を受け継いだ頃、私は古くからの檀家さんになかなか認めてもらえませんでした。ただでさえ「若造」なのに、そんな私があれこれ新しい取り組みを始めることなどが反発につながっていたのでしょう。

あるとき、私は汗だくになって寺の土地の草刈りをしていました。そこに通りかかったのが、私に対してかなり厳しいAさん。挨拶だけ交わしていったん立ち去りましたが、意外なことに、作業着に着替えてすぐに戻ってきて、一緒に草刈りをしてくれたんです。この日以降、Aさんは私を受け入れてくれるようになりました。どうやらAさんは私に対して、「草刈りのような汚れる仕事はしない男」というイメージをもっていたようです。でも、普段の自分たちと同じことをしている姿を見たことで私への共感が生まれ、それまでの思い込みが修正されたんだと思います。

自分がかわってみせると相手もかわることがある

自分にとっての「普通」が正解だと思い込んでしまっている夫に、「私とちゃんと向き合って！」「私の話を聞いて！」と求めるのは、猫に向かって要求するのと同じようなもの。ほとんどの場合、くたびれもうけになるだけです。

家族と対等に向き合う方法を学んでこなかった人が、いい大人になってから価値観を大きくかえるのは難しいでしょう。夫に聞く姿勢がないのなら「聞き手」役を求めるのはあきらめ、世間話をしたり愚痴《ぐち》を言い合ったりできる友人を探したほうが現実的だと思います。そのうえで夫婦の関係を改善するためには、戦略的に共感を生み出す方法も有効なのではないでしょうか。

長く一緒に暮らしてきた夫婦だからといって、理解し合っているとは限りません。会話がかみ合わないのは、お互いをわかっていない証拠。余計な腹立ちを抑えるため、まずは完全にわかり合うのは無理、と割り切ってください。

そしてわかり合えないことを前提に、夫と同じことをしてみてください。夫の趣味を否定せずにつき合ってみる、カチンとくるひと言に反撃せず「そうなのね～」と受け流す……。夫が「妻が自分と同じ土俵に立っている」と感じれば、しめたものです。

まずは自分が１００歩譲ることで、夫の思い込みを３センチずらす。お互いにイライラしなくてすむところまで、ジリジリずらしていくことができるかもしれません。

お言葉

自分が１００歩譲って、夫を３センチ引き寄せる。

02

就職して親元を離れた後、連絡もよこさない息子。苦労して育ててきたのに冷たくされるなんて……。

テレビのドキュメンタリーで動物の「子離れ」の場面を見たことがあります。木登りを覚えた子グマが高いところまで登っていき、「見て、すごいでしょ？」というように下を見ると、さっきまでそこにいた母親が消えている！　呼んでも戻ってこないし、木から下りて後を追っても間に合いません。

キツネの場合は、ある日突然、親が子どもを激しく攻撃します。子どもは驚き、混乱しますが、親の元を去るしかありません。

自然界では、子どもはかなり早いうちから親と離れて生きるのが当たりまえ。でも子どもにとって親は、えさを与え、守ってくれる存在です。自分から離れていくことは期待できませんよね。だから、親のほうから子離れするわけです。

人間も動物ですから、当然、親離れ・子離れする時期がやってきます。成長とともに友だちづき合いや勉強、さらに成長すれば仕事などに意識が向き、親のことを考える暇なんてなくなっていくのが普通です。

自分から親と関わろうとしなくなるのは、子どもが健全に育っている証拠だと思います。いくつになっても親とべったり一緒にいたがり、親のすねをかじり続ける、なんて生き方は、むしろ動物として不自然なことなのです。

「親」であることを自分のすべてにしないほうがよい

成長すれば子どもは離れていく、と頭ではわかっているはず。それでもさびしさを感じてしまうのは、子育てが生きがいになっていたからではないでしょうか。

だれかの役に立つことは、人間に「自己重要感」をもたらしてくれます。「頼ってくれる存在」があることで、自分の存在価値を認められたような気分になれる。子どもから頼られているうちは、世界中に通用する「おかあさん」「おとうさん」という肩書きをもっていられるんです。

本来、「親であること」は自分の一部にすぎません。でも子育てに力を注ぐあまり、

「おかあさん」「おとうさん」であることがすべてになってしまう人も少なくありません。そうなると、子どもに頼られなくなったら自分のアイデンティティを失ってしまうことになりますよね？　子どもとの関わりが減ったさびしさには、「おかあさん（おとうさん）」という肩書きを失うことへの不安も含まれているのではないでしょうか。

でも、さびしいと思うなら想像してみてください。50歳、60歳になった娘や息子に、「ママ〜、ごはんまだ？」と甘えられたら？　心からうれしいと思える人は少数派のはず。困ってため息をつきたくなるのが本音でしょう。そんな事態を避けるためにも、きちんと親離れ・子離れする必要があるんです。

思春期の子どもが「おとうさん、くさい！」などと言い出すのは、親離れが始まるサインです。どうぞ、遠慮なく大人のにおいをプンプン漂わせてください。これは、クマが木の上に子どもを残して立ち去ったり、キツネが子どもを攻撃したりするのと同じこと。子どもの親離れを促す、愛情あふれる行為……だと思いますよ。

親の人生設計に子どもを含めてはいけません

成長した子どもは、ひとり立ちしてさまざまな経験をします。仕事や結婚、子育てなどを通して、やっと親の苦労や愛情に気づきます。その結果、再び親との距離を縮め、気づかいを見せるようになることもあるでしょう。

ただし、子どもが親のケアをするのは、当然でもなければ義務でもありません。動物は親に「育ててくれてありがとう」などと感謝したり、親孝行するために戻ってきたりすることはないし、そもそも親も、そんなことを求めていませんよね。

子どもは親の所有物ではないのですから、「近くにいてほしい」「老後の面倒をみてほしい」などと期待するのは間違いです。子どもが巣立った後の人生設計には子どもを含めず、自分たちだけでいかに生きていくかを考えるべきだと思います。

親に「冷たい」などと感じさせるのは、子どもが自分から親離れをしていったからでしょう。これは、本当に喜ばしいこと。あなたの子育ては、大成功ですよ。

お言葉

50歳になった子どもに甘えられたら、うれしいですか？

03

夫の浮気が発覚。離婚したいけれど、今後の生活のことを考えると決心がつきません。

大恋愛の末に結婚した夫婦だとしても、恋愛と結婚は違います。残念ながら、顔を見るだけでドキドキするようなときめきはいずれ薄れていきますよね。そのかわり、ふたりの間に「好き・嫌い」を超えた結びつきが生まれるはずです。

結婚が好き・嫌いだけで成り立つのなら、好きな女性ができた時点で夫は離婚したがるでしょう。でもそうはせず、妻に浮気を隠そうとしている。おそらく、浮気相手より妻のほうが、総合的に考えた場合の重要度が高いからではないでしょうか。

浮気相手と一緒に過ごす時間は、新鮮で楽しいでしょう。でも同時に、格好つけたり気をつかったりしなければならないわずらわしさもあるはず。浮気をしながらも、だらしないジャージ姿でゴロゴロしても許してもらえる家庭のありがたみを、ひしひしと感じていると思います。

恋人や配偶者に浮気をされるのは、とても不快なことです。それでも生活のために離婚できないと思うと、さらにいやな気分になりますよね。

でもあなたは本当に、生活の心配がなかったら離婚に踏みきれますか？　いったん、「収入の確保」と「夫と一緒に過ごすこと」を別の問題としてとらえてみてください。妻の側にも、夫に対して好き・嫌いを超えた感情があるはず。仮に自力で生活できたとしても今の生活を続けたい、と思うことも珍しくないと思います。

お金さえあれば夫とは暮らしたくない！　と本気で思うのなら、財産分与や慰謝料のことを含めて、離婚に向けた話し合いをしてもよいのかもしれません。反対に、まだ夫と暮らしたい気持ちがあるなら、腹立ちをおさめて今回は夫を許してあげてください。ただし、きれいさっぱり水に流す必要はありませんよ。浮気を許したことを、いざというとき問答無用で優位に立てる「最強の印籠」として活用してください。

お言葉

浮気した夫を許すことで、一生ものの「印籠」が手に入る。

04

夫に大きな不満はないけれど、好きな人ができてしまいました。これからどうするべきでしょう？

教会式でも神前式でも、結婚式では、夫婦となるふたりが神の前で誓いを立てます。人間の心は、ぐらつきやすいもの。どれほど真剣に約束を交わしても、守り抜けるとは限りません。ただし、たとえキリスト教や神道の信者でなくても、「神の前でした約束」はやや破りにくいですよね？　つまり、神の威力が浮気の抑止力になっているわけです。反対にいえば、人間の自制心は、神の力を借りなければ簡単に揺らいでしまうほど不確かなものです。

一生助け合っていくことを誓った夫がいながら、好きな人ができてしまった、という場合、考えられる選択肢は３つ。①離婚する、②行くところまで行き、泥沼にはまる、③自制してとどまる。このいずれかを選ぶことになります。決断するときに大切なのは、今の自分が「心が揺れている状態」にあるのを自覚することだと思います。

「いけない恋愛」は私たちのエゴを満たしてくれる

人間がいちばん大事にしているものは、なんでしょう？　それは、「自我（エゴ）」です。人はみな心の底で、「地球上でもっとも大切にされる存在でありたい」と思っています。私はそんな身勝手なことを考える人間ではありません！　と言いたくなる人もいるでしょう。でもそれは、意識していないだけのことです。

私たちは五感を通してさまざまな情報を得ていますが、そのすべてを意識するわけではありません。たとえば、寒さや暑さは気になるけれど、「今日の気温は快適だ」と感じ続けることは少ないですよね。これは、脳が情報に優先順位をつけているから。「寒い」「暑い」は命に関わる可能性があるから重要だけれど、「快適だなあ」は放置しても危険はないから気にしなくても大丈夫、というわけです。キャッチした情報のすべてを同じように受け止めていたら頭がパンクしてしまうため、脳が知覚の多くを遮断し、重要度の低い情報は意識に上らないようにしているんです。

自我を自覚することが少ないのも、同じ理由です。「まあまあ大切にされた」「満足度60％」といったレベルでは、いちいち意識に上らない。あらためて感じるのは、強い快・不快を感じたときです。そして「快」の中で最大のものが恋愛なのです。

自分がだれかを愛したり、だれかから愛されたりすることは、何よりも自我を満たしてくれます。とくに、久しぶりに味わう恋愛感情は最高に甘い！　自分が既婚者であることも、むしろよいスパイスになります。禁じられたものや手が届かないところにあるものほど、貴重に思えるからです。

つまり「結婚しているのに好きな人がいてドキドキしている」ときは、自我のとりこになっているということ。「大切にされている」という満足感でいっぱいになり、その他の情報が意識に上りにくい状態になってしまっています。

自我のとりこになっているときは判断を誤りやすい

ものごとを決めるときには、ふたつのシステムが働きます。ひとつめが直感。理屈ではなく、感情に従う決め方です。ふたつめが理性。時間をかけて、論理的に「どうあるべきか」を考える方法です。

直感と理性は、どちらも大切にするべきです。ただし、自我のとりこになってノリノリ状態のときは要注意。直感だけに頼って選択を誤ってしまうことが多いからです。もしお相手が、あなたが既婚者だと知りながらもその思いに応えてくれる場合、それは、なぜでしょう？　もちろん、あなたのことが好きだから。でもそれに加えて、「既婚者だから割り切ったおつき合いができる」「既婚者なら、別れた後トラブルになりにくい」などの計算もあるかもしれません。

あなたへの気持ちが真剣だとしても、既婚者相手に踏みとどまれないことから、自制できない人であることは確かです。今後、あなた以外の人に対して自制できない恋心を抱く可能性がないといえるでしょうか？

自分の人生に関わる決断には、長期的視点も必要です。自我が満たされているときだからこそ理性を働かせ、自分が本当に幸せになれる選択をしてください。

お言葉

恋をしているあなたは、
エゴのとりこになっている。

05 夫婦げんかが絶えず、身勝手な夫に腹が立ちます。

仏教では、「我慢」がけんかのもとになると考えられています。今でこそ「我慢」は「耐え忍ぶ」という意味で使われていますが、本来の意味はむしろ逆です。「我」は文字通り自分自身のこと、「慢」は比較する心のこと。「我」と「慢」がかけ合わされると、出会う人すべてを自分と比べ、「この人は自分より上」「あの人は自分より下」などとレベル分けするようになります。そして自分中心にものごとを見るうちに、「自分こそが正しい」という気持ちが生まれてくるんです。

自分が家事をしているときに外出する夫を見ると「我」が頭をもたげ、「夫は私をないがしろにしている」とムカッ。すると「慢」も顔を出し、「家事をするのは私ばっかり。掃除も洗濯も食事の準備も私で、夫は犬の散歩しかしていないじゃない！」と腹立ちを増幅させます。

こうなるともう、イライラレベルは上がる一方。夫に対する態度もとげとげしくなり、ちょっとしたきっかけさえあればけんかが始まってしまうでしょう。

夫婦げんかにありがちなのが、「相手のせいでけんかになる」と決めつけること。でも、本当に？　自分がけんかの種をまいていることもあるのでは……？

けんかをなくす第一歩は、「自分が正しく、相手は間違っている」という考えから一歩抜け出すこと。夫婦ともに「我慢」にとりつかれたままでは、夫婦げんかがなくなることはないでしょう。

他人のための行動が自分も幸せにしてくれる

仏教に「三尺三寸箸」という話があります。ある人が、地獄をのぞきに行きました。地獄の真ん中にあったのは、山盛りのごちそうが並べられた大きなテーブル。でもテーブルを囲む人たちはやせ細り、あちこちでけんかが起こっています。

不思議に思ってよく見ると、人々に与えられているのは長さが三尺三寸（約1メートル）もある箸。長すぎて、箸でつまんだ食べものを口に入れることができません。おなかを空かせた人たちはいら立ち、「腕がぶつかった」「おまえのせいで食べられないじゃないか」など、ちょっとしたことで争ってばかりいます。

次に天国を見に行くと、天国でも人々がテーブルを囲んでいました。使っているのは、地獄と同じ三尺三寸の箸。でも天国ではだれもけんかをせず、みなで楽しそうに食事をしています。

天国と地獄の違いは、箸の使い方にありました。天国では、長い箸を自分のために使おうとする人はいません。「から揚げ、好きでしたよね？　さあどうぞ」「ありがとう。この卵焼きもおいしいですよ」などと、みなで食べさせ合っていたんです。

同じ箸が、使い方次第でけんかの種にもなれば、コミュニケーションツールにもなる。どんな状況であっても、ごちそうを他人の口へ運ぶ思いやりがあれば、自分も人も幸せにすることができる、ということです。

夫への思いやりを示すことで夫からも思いやりが返ってくる

けんかが絶えない夫婦は、いつの間にか自分のためだけに箸を使うようになっています。それぞれが長い箸を振り回すけれど、どちらもうまく食べられない。そして「食べられないのはあなたのせいだ」と責め合うことになる……。

不毛な争いを断ち切るために必要なのは、「箸の使い方」をかえることです。まずはあなたが、夫の口に食べものを運んでみせましょう。日頃の不満を少しの間だけ抑え、「夫のため」に何かをしてみてください。ねぎらいの言葉をかける、お茶をいれてあげるなど、ちょっとしたことでいいんです。

あなたに思いやりを示してもらうことで、夫はお互いにとって「よい食べ方」があることに気づけるはず。一度で劇的な変化が起こるわけではありませんが、いずれ夫も「あなたのため」に何かをするようになるでしょう。

「我」と「我」はぶつかり合いますが、「他」と「他」は温かい関係を生み出します。「はいあなた。ア〜ン」には、「じゃあ君にも。ア〜ン」と返ってくるのです。

お言葉

夫婦の箸の使い方を、見直してみませんか？

06

子どもの短所が目につき、「育て方が悪かった」と自分を責めてしまいます。

「生《しょう》児《に》現成《げんじょう》」という言葉があります。人は、子どもが生まれたときに初めて親になる、という禅の教えです。

私たちは、自分たちが大人になって子どもをもったと思っています。でも、子どもをもつまで「親」としての経験をしたことはないはず。つまり、子どもが0歳なら親も0歳。親子は同い年で、ともに成長していくものなのです。

経験が浅い親は、当然、完璧な存在ではありません。完璧ではない人間が育てるのですから、完璧な子になるわけがありません。仮に完璧な親がいたとしても、その子どもが完璧な人間に育つとは限らないでしょう。

お釈迦様の言葉を伝える「ダンマパダ経」の中に、こんなことが書かれています。

人は「子どもができた」「財産ができた」と思い悩むけれど、そもそも子どもは自分のものではない。財産も、世間を流通しているお金が、今たまたま自分の手元にあるというだけのことだ……。

自分のものは、自分でコントロールすることができます。たとえば自分の土地には、自分の好きな家を建てることができますよね。でも子どもは、自分の思い通りにはなりません。つまり、自分のものではないということなんです。

親がイメージする「よい子」「すぐれた子」は、親が頭の中でつくりあげた「完璧な子ども」像にすぎません。子どもをその像に当てはめるためにコントロールすることなど、そもそも不可能なことです。

子育ての反省は「完璧な私」を前提にしている

子どもにいたらないところがあるからと自分を責めるのは、謙虚な行為のように思えます。でも実際にしていることは、正反対です。

反省したり自分を責めたりするのは、どんなときでしょう？　できるはずのことができなかったときです。「遠足の日に晴れなかった！」と自分を責める人はいません。それは、自分には天気をコントロールする力がないことがわかっているからです。

子どものことで自分を責めるのは、「完璧な私なら完璧な子を育てられたはず」という気持ちが前提になっているということ。「私は完璧なのにうまくできなかった」と反省しているわけです。少しおこがましいと思いませんか？

お釈迦様は、「人はみな平等」と説いています。何において平等かといえば、「愚かさ」においてです。財産や地位、体の大きさなどにおいては、どんなに頑張っても平等になることはありません。でもただひとつ、平等なことがある。それが、人はみな等しく愚かな存在であるということです。

自分の愚かさを自覚し、謙虚な気持ちを取り戻してください。完璧な子どもを育てられる完璧な人など、どこにもいないのです。

長所・短所を親のものさしで決めつけない

親が思う完璧さを子どもに求めるのは、子どもの可能性をせばめることでもあります。子どもには、親にはないすぐれた点がたくさんあるからです。

雑草の中には、人や動物に踏まれることで種を運び、子孫を増やしているものがあります。これは、バラやチューリップにはない強みです。でも、美しい花を咲かせる植物はすばらしいけれど雑草には価値がない、と思う人には、雑草のすぐれた生存戦略は見えません。

何が長所で何が短所かは、見方によってもかわるということ。だから、親の価値観で決めつけてしまうのはもったいないんです。

子どもに関して親の責任が問われるとしたら、道徳的なことだけでしょう。うそをつく、約束を守らない、他人を傷つける……などに関しては、善悪を教える必要があります。でもそれ以外は、自分や子どもを責める必要はありません。

親の価値観で「よい」「悪い」を決めつけないでください。子どもが自分の力を伸ばせるように見守り、手助けするのが親の役目なのではないでしょうか。

お言葉

子どもと同い年の親に、完璧な子育てができますか？

07

義理の父母と、どうしても気が合いません。ずっとつき合っていくことを考えると憂鬱です。

結婚するということは、義理の家族ができるということ。他人の家族にあえて関わり、その中に自ら突っ込んでいくということです。

ただし、自分が好きになったのは結婚する相手であり、その両親ではありません。両親まで好きになれれば理想ですが、人間には相性もあります。合わない相手を無理やり好きになろうとする必要はありません。大切なのは、上手につき合えるようになることです。

気が合わないから義父母とつき合いたくない、というのは、転職先の上司が嫌いだから会社に行きたくない、と文句を言うのと同じです。すでにできあがっている組織に後から加わっておいて、自分より先にいたメンバーが気に食わないだなんて、まるで子どもの理屈だと思いませんか？

義父の「頭が光ってるね」という挨拶は「父の洗礼」だと思うことに

今だから言えることですが、私自身、最初は義父が苦手でした。もちろん義父だって、私を気に入ってはいなかったでしょう。そのせいか、会うたびに「今日も頭が光ってるね！」。義父は間違いなくいい人でしたし、もちろん冗談だとわかってはいました。それでも、デリカシーがないなあ、と軽くイラッとする気持ちはありました。

そして毎年、寺が忙しいお盆の時期にバーベキューのお誘いが来ます。緊張しながら参加すると、義父は私の頭をからかい、オヤジギャグを飛ばしては、娘に「おとうさんやめて！」と叱られる……。居心地がいいとは言えなかったけれど、ここでくじけたら義理の息子として認めてもらえないのかもしれない、と思って頑張りました。

そんな「父の洗礼」を乗り越えたおかげか、義父からはとてもかわいがってもらえるようになりました。さすがに「頭が光ってるね！」という挨拶はしなくなり、今では私から「今年はバーベキューしないの？」と言うように。お互いに、気をつかうポイントをつかめるようになったんだと思います。

好きになれないなら早めに正面から向き合ったほうがいい

いやなことを含めていろいろあっても、家族は人間関係の基本です。どうしても気が合わないなら、好きになることはあきらめましょう。そして、できるだけ早いうちに正面から義父母と関わり、相手を冷静に観察しましょう。「こういう人なんだな」とわかってくれれば、うまく関わるヒントも見つかるはずです。

理不尽に思えることもあるかもしれませんが、できれば自分から歩み寄りを。相手に受け入れられなくても、継続してみてください。「もうイヤ！」とキレて関係づくりを投げ出してしまえば、今は楽になるかもしれません。でも、ちょっと頑張って「うまくやる努力」を続けたほうが、後悔がないと思います。

お言葉

好きにならなくても、うまくつき合うことはできます。

第3章

「健康」についての悩みを手放す

健康についての総論

食事・運動・睡眠のよい習慣が体と心を健康にする

私たちは病院で診察を受け、診断名がつくと「病気になった」と思います。でも人間は、ある日突然、病気になるわけではありません。自分では気づかないだけで、発症したり病院で診断されたりするより前から、じりじりと進行しているものです。

さまざまな病気が「生活習慣病」と総称されることからもわかる通り、人間の健康状態には、食事、運動、睡眠といった日々の習慣が深く関わっています。よい習慣が健康な体をつくり、体に負担をかける習慣が病気の原因になるわけです。

自分の体を守るためには、日頃から健康に生きるためのライフスタイルを守るのが理想です。つい「病気になったら治せばいい」と考えがちですが、病気になったら苦しいのは自分ですよね。それより、病気にならないことを心がけたほうがいいと思いませんか？

食事・運動・睡眠が体と心の健康をつくる

心の健康についても、同じことが言えます。もしかしたら心の病気かも、と自覚するのは、耐えられないほどつらくなってからではないでしょうか。でも心の病気も、急に発症するわけではありません。きっかけとなる小さな不調がその後の過ごし方によって悪化し、病気となるのだと思います。

仏教では、人間の行いには「身《しん》・口《く》・意《い》・の三業《さんごう》」があるとしています。「身」は体での行い、「口」は言葉に出すこと、「意」は心で思うことを指します。

私たちは日々、五感からさまざまな刺激を受けています。それをもとに何を感じて何を考え、何を話し、どう行動するか。これが、「心の生活習慣」です。

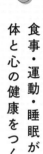

ポジティブな習慣は心を健康にし、ネガティブな習慣は心に負担をかけるでしょう。人生を明るくしてくれる幸せも、不幸のどん底のような気分も、習慣の積み重ねによってつくられているんです。

体の健康をつくる「食事・運動・睡眠」の3つの要素は、心の健康づくりにおいても重要です。見たり聞いたりする刺激は、食事からとる栄養素のようなもの。情報や知識は、生きるために不可欠です。ただし、ためになるものがある半面、ネガティブな刺激もあります。毎日、人の悪口と凄惨なニュースだけを聞いていたら、だれだって気持ちが落ち込みます。食事と同様、自分にとって有害なものを取り込みすぎないようにすることが大切です。

感じたり考えたりすることは、心の運動です。取り込んだ情報を整理したり自分なりに考えたりすることで、思考力が鍛えられていきます。

そして休息することもとても大切です。常に刺激を受け考え続けていたのでは、心がくたびれてしまう。ストレスから解放されてリラックスする時間も、しっかり確保する必要があります。

健康を守るライフスタイルのお手本は僧侶の生活

医学的には体と心は密接につながっており、互いの健康状態に影響を与え合うことがわかっています。これに対して仏教では、「体」と「心」を分けて考えます。ただし、体と心の健康を守る方法は共通しているんです。

仏教の考え方では、体の病気も心の病気も、すべて生活習慣病。日々の習慣の積み重ねによって、健康にもなれば病気にもなる、ということです。

こうした考え方がベースにあるため、仏教の教えはライフスタイルにまで及んでいます。僧侶の日々の生活は、体にも心にもよいもの。その継続によって、強靭でありながら柔軟な心身をつくりあげることができるんです。

私が住職を務める福厳寺では、一般の方に寺の生活を体験してもらう「テンプルステイ」を行っています。狙いは、僧侶と同じ生活を送り、心身を健康に導くライフスタイルを身につけてもらうこと。ステイを終えた後も、自分の生活に寺での習慣を取り入れてほしいと思っています。

もちろん、生活習慣が心身に及ぼす影響には個人差があり、完璧な生活を送ったからといって健康が保証されるわけではありません。私の身近なところにも、毎日たばこをスパスパ吸いながら、90歳になっても元気に暮らしている方がいます。でも、そんなケースは多くはありません。よい生活習慣を積み重ねていくことで、健康な体と心を守れる可能性は間違いなく高まると思います。

01

不調を感じているわけでもないのに、「病気だったら」という不安から抜け出せません。

「恐れ」は、動物が身を守るために欠かせない本能です。私たちの祖先が生き延びてこられたのは、サバンナで肉食獣に出合ったときに恐れを感じ、逃げたり戦ったりすることができたからです。

人間は、未来を予測しながら生きています。おやつを食べているとき、おいしさと同時におなかまわりへの影響を考えて罪悪感を覚える……なんていうのも、少し先の未来を考えるからですよね。

「病気かもしれない」という恐れも、未来を案じるために生まれるものです。「怖い」と感じると本能的に身構えることからもわかる通り、恐れは緊張（＝ストレス）を生み出します。緊張した状態が続けば、心身に大きな負担がかかります。

あくまで経験則ではありますが、ストレスは体を病む大きな原因のひとつだと思います。人間の「頭」が未来を考えるのに対して、「体」は今を生きることしかできません。健康とは、未来ではなく今だけに存在するもの。健康であり続けるためには、「健康な今」を積み重ねていくしかありません。

理由もなく「病気だったらどうしよう？」と心配しても、よいことはひとつもありません。病気を恐れることは、体に無用のストレスを与えること。行きすぎると、健康な体に病気を生み出すことになりかねません。

未来を案じるより「今ここ」に集中する

仏教では、ふたつ以上のことを同時にする「ながら〇〇」をよくないこととしています。SNSをチェックしながら人の話を聞こうとしたら、どちらもおろそかになりますよね。大切なのは、「今ここ」に集中すること。SNSを見るなら見る、話を聞くなら聞く。それぞれにきちんと向き合うべきなんです。

寺で飼っている犬を見ると、フードを食べるとき、全力で味わっているのがわかります。「今、食べること」に100パーセント集中している。おそらく、食べながら

「明日の朝ごはんはなんだろう?」などと考えることはないでしょう。また、食べ終わった後、「今日のおかかトッピングは、なかなかおいしかったな」などと振り返ることもないと思います。

人間も、こうした生き方を見習いたいものです。「今ここ」に集中しきれず、意識をさまよわせてしまうから、過去を引きずったり未来を憂えたりすることになる。その結果、不要なストレスが生じて自分を苦しめてしまうわけです。

問題は心と体の生きる地点が一致していないこと。頭がフラフラと未来へ出かけて生み出した妄想で今の健康な体を傷つけるなんて、もったいないと思いませんか?

一日の終わりに「いのり」の時間をもつ

未来を案じて余計な心配をしてしまうなら、まずは意識を「今日一日」に向けることを心がけてみましょう。そのために役立つのが、「いのり」の時間をもつことです。

宗教的な意味をもつ「祈り」という言葉は、神や仏に「何かを願う」という意味で使われます。でも本来の祈りは、自分の思い(意)を言葉にする(宣る)「意宣《いの》り」。生活に取り入れたいのは、３ステップの「いのり」です。

寝る前に、一日を振り返ってみてください。ステップ1は、感謝。「病気だったら」などの不安を感じたかもしれませんが、今日一日、生きられたのは事実です。まずは、そのことに感謝してください。

ステップ2は、自己反省。自分は今日をうまく生きられただろうか？　今に集中して過ごせただろうか？　一日の自分を見直してみます。

ステップ3は、誓願。感謝と反省を踏まえ、「自分はこのようにありたい」「明日はこのように生きたい」という目標設定をします。

一日の終わりに、口に出して「いのる」時間をもってみましょう。一日をちゃんと生きた、と再確認することは、心の荷下ろしになります。不安とストレスを洗い流し、また新しい一日を生きるためのよい準備になると思います。

お言葉

不要な心配によるストレスが、
体に不要な負担をかけている。

02

容姿の衰えや体調の変化を実感するように。年をとるのが怖い、という気持ちが消えません。

『八百比丘尼《やおびくに》』という話があります。ある漁師町に、「上半身は人間、下半身は魚の姿」という不気味な魚が打ち上げられます。村の物知りはそれを人魚だと言い、祟《たた》りを恐れた人々は人魚を神社に運びました。

人魚をひと目見ようと、村人が次々と神社にやってきます。そしてひとりの女の子が、だれも見ていないすきに、人魚の肉をつまみ食いしてしまいました。

女の子は美しく成長し、18歳のとき、たくさんの求婚者の中のひとりと結婚します。子どもが生まれて成長し、夫婦が中年になっても女性の容姿は18歳のまま。夫は周りの人から、いつまでも若く美しい妻をもったことをうらやましがられます。

夫が80代で亡くなったときも、女性の見た目は18歳。その頃から、女性は周りから怖がられるようになります。そして自分の子どもが年をとって亡くなったときも、18

歳のまま。こうなると、うらやましいどころか怪談です。

女性は村にいづらくなり、別の村へ引っ越します。そこでまた結婚して子どもをもち、夫と子どもを亡くし、気味悪がられて別の村へ……。女性は見た目年齢18歳のまま、同じことを何度も繰り返しました。そして800歳になったとき、頭を剃って洞窟へ入っていき、二度と出てこなかったのです。

年をとり、体が衰えるのは避けられないこと

年をとるのが怖いという人に対して、仏教の答えは「無知ですね」。つまり、遠回しに「おバカさんですね」ということです。人間が年をとるのは、当然のこと。年をとらないほうがずっと怖い！　それを象徴しているのが、『八百比丘尼』の伝説です。

また、秦の始皇帝は永遠の命を求めて、不老不死の薬を飲んでいました。でもその中に水銀が含まれていたため、かえって命を縮めてしまった、という説があります。「年をとりたくない」という気持ちが、あやしげな薬を飲むという愚かな行為につながってしまったわけです。

生まれること、老いること、病気になること、死ぬことを、仏教では「四苦《しく》」といいます。ここでいう「苦」とは、絶対に避けられない苦悩のこと。こうした「生老病《しょうろうびょう》死《し》」は、仏教の大前提です。四苦は避けられないのだから、それを踏まえてどう生きるのか？　を考えることに意味があるんです。

ネガティブにとらえようがポジティブにとらえようが、人は必ず年をとり、死んでいきます。美肌サプリを飲んでも、プチ整形を繰り返しても、老化を止めることはできません。さらに残念なことに、年齢とともに容姿だけでなく、体力も能力も衰えていきます。

でも人間には、年齢に負けないものがひとつだけある。それが「心」です。

体は衰えても 心は成長を続けられる

年をとれば、目は霞《かす》み、腰は痛み、口はくさくなる。こうした変化は、どうにもならないことです。でも、だからといって「もう年なんだからどうでもいいや」なんて投げやりになってしまうと、行いも言葉もネガティブに。見た目も中身も美しくない、最悪のジジババができあがってしまいます。

だからこそ、心を磨くことに気持ちを向けてみてください。心は年をとっても衰えないどころか、年を重ねるほど成熟し、美しくなる可能性を秘めています。筋肉を鍛えられる年齢には限界がありますが、心は生きている限り鍛え続けることができます。

私が将来の目標にしているのは、寺の先々代の総代長（檀家さんを取りまとめてくれる人）さんです。だれにでも親切で、耳が遠くなったことも歯が全部なくなったことも明るく楽しく話し、いつもおしゃれな帽子をかぶって……。最後まで人生を楽しんでいるのが伝わってきました。

心の成長につながるのは、自分なりの目標や楽しみをもつこと。そして、明るく大らかな気持ちでいること。体の衰えを嘆くより、ポジティブな気持ちで「若者があこがれる年寄り」を目指してみませんか？

お言葉

年をとるのが怖い？
無知ですね。

03 長くつき合っていかなければならない病気があり、再発などの不安から逃れられません。

江戸時代の僧侶・良寛の手紙に、大地震で子どもを亡くした親友に宛てたものがあります。その中の一節には、このようなことが書かれています。

「災難にあうときはあえばよい。死ぬときは死ねばよい。これが、災難から逃れる最良の方法です」。一見、冷たいように思えるかもしれません。でもこの言葉には、現実を受け入れて今を精一杯生きなさい、という励ましが込められています。

人間にとって、病気や死は決して避けられないものです。病気であることがわかり、それが死につながるかもしれない、という状況は、とても苦しいでしょう。恐れを感じるのは当然で、悪いことではありません。

でも、怖いからと目をそらすのではなく、病気を正面から受け止めてみてください。良寛の言うように、それが自分を救う最良の方法だからです。

後悔を抱えたまま一生を終えるのはつらいこと

健康に暮らしているときは、生きていることを当たりまえのように思いがちです。だから、思い通りにならない現状を嘆いたり、将来を案じたりすることに時間を費やしてしまう。でも死を意識して恐れを感じた瞬間から、自分の「生」そのものが一気に鮮明になるのではないかと思います。

たとえば余命宣告を受けると、自分に残された時間を強く意識するようになります。「いつ頃まで」と線引きされたことによって、それまでは一日もむだにできない、という気持ちが生まれるでしょう。その結果、自分の人生の中でもっとも「濃い時間」を過ごすことになるのではないでしょうか。

残念ながら私たちは、自分に与えられた生の貴重さ、生きることで得られる喜びに鈍感になっています。病気になり、死を自分のこととして意識するようになってやっと、毎日を大切に生きなければならない……と気づくことが多いのです。

人間にとってもっとも恐ろしいのは、死ぬことではありません。死ぬまでの時間を、ちゃんと生きないことです。仮に100歳まで生きたとしても、死ぬときに後悔するようでは、ぜんぜん生き足りない。「ああしておけばよかった」なんて思いを抱えたまま一生を終えるなんて、つらく苦しいことだと思いませんか？

病気や死を恐れるより 今できることをひとつずつ

若い頃、私はイギリスの田舎で財布をなくしたことがあります。携帯電話がまだ普及していない時代、日本大使館に電話をかけて助けを求めようと思っても、そのための小銭さえありません。夕方で店はすでに閉まり、おまけに雨！　私は泣きそうになりながら近くの家のドアをノックし、電話をかけさせてほしいと頼みました。

幸い、親切な人が家に入れてくれ、電話を貸してくれたことで救われました。でもこのとき、不安で焦《あせ》りながらもなんとか対処することができたのは、私が若くて健康だったからだと思います。

病気で体が弱ったり年をとったりすると、どうしても思考力が衰えます。気がかりなことをスムーズに解決するのが難しくなるため、心配ごとや後悔を抱え込むことになる。それを気にし続けることで、モヤモヤした思いはさらに大きくなるでしょう。そんな思いを最後まで抱えているのは、想像以上に苦しいことです。

だから、できるうちにできることをしておくことが大切なのだと思います。会いたい人、行きたいところ、謝っておきたいこと……。じっくり考え、今日できることから実行していきましょう。

病気の治療に関しては、医師に助けてもらうことができます。でも、自分の「生」に関しては、自分以外に頼れる人はいません。今抱えている後悔や気がかりを減らすため、体が動き、頭が働くうちに、するべきことをしてください。

すべての人間にとって、「生老病死」は避けられないことです。でも、あなたは今、生きている。病気や死を恐れるより、与えられた「生」をちゃんと生きることに目を向けてみませんか。

お言葉

死より恐ろしいのは、ちゃんと生きないこと。

04

親しい人が亡くなったショックから立ち直れず、死の恐怖が頭から離れません。

「生《しょう》を明《あき》らめ、死を明らむるは、仏家一大事の因縁なり」。曹洞宗の祖・道元の言葉です。一生をどう生きるべきか、死とどう向き合うべきかを明らかにするのは、仏の道を究めるものにとってもっとも大切なことだ……という意味です。

今は、死を見ずに育つ時代です。昔は若いうちに、同居の祖父母を看取《みと》る経験をすることもありました。でも今は別居世帯が多く、同居していたとしても病院で亡くなる人がほとんどです。

また、昔は庭で食用に飼っている鶏を家庭でさばく、といったことも普通に行われていました。でも今は、お肉はパックに入って店に並んでいるもの。生きている姿と自分が食べているお肉を結びつけて考える機会も減っています。

そのため、大人になっても、死がテレビや新聞の中で起こるもののような感覚しかもてないことは珍しくありません。リアルな死を知らないまま成長した人が、人生の後半で、初めて身近な人の死に直面することになるわけです。

恐れが生まれたのは死が初めて「自分ごと」になったから

よく知っていた人がいなくなり、もう二度と会えない。この事実に直面したとき、恐れを感じるのは当然で、むしろよいことだと思います。

人は必ず死ぬということ。命は有限であるということ。当たりまえのことに初めて真剣に向き合い、自分なりに死を明らかにしようと考えた証拠だからです。

死を明らかにすることには、生を明らかにする効果があります。だれもが、「人は必ず死ぬ」ということを知っています。でも、知識として知っているのと、体感するのは大きく違います。

身近な人の死によって、自分もいつかは死んでいく、という事実が現実味を増したはずです。死を「自分ごと」として受け止め、自分の人生にも必ず終わりが来る、と理解したことが、ショックにつながったのでしょう。

死を恐れるのは、生きものとして当然です。でも、どんなに怖がっても死を避けることはできません。だから、怖がっても仕方がないのです。どうせ怖がるなら、生を怖がるほうが建設的。ちゃんと生きられないまま死ぬほど苦しいことはないからです。

死への恐れを自分の生を見直すきっかけに

以前、お墓参りに来た檀家さんが、笑いながら「私も、死んだらここに来るがね」と言っていました。思わず、「なぜ、そんなに平然と死を受け入れられるんですか？」と聞いてしまいました。

その方は、空襲で家族が目の前で亡くなっていく姿を見ていました。生き残った家族は、「次は私たちの番だね」と言いながら過ごしていたとか。死ぬのが怖くないわけではないけれど、死ぬ覚悟を決めていたのだそうです。「だから、死ぬのが怖いとは思わんねえ」と、穏やかに言っていました。

命の有限性と向き合わざるを得なかった経験をしてきた方と、死に直接触れる機会がなかった人では、死に接したときの動揺は大きく違うでしょう。でも、「死が怖い」

という気持ちのままで終わらせないでください。死を体感したことを、自分の生の価値を見つめ直すことに生かしてほしいのです。

死への恐れが消えないなら、自分は明日死ぬかもしれない、と思ってみてください。自分の持ち時間があとわずかだと思うと、今日のうちにやっておきたいことがあれこれ浮かんできませんか？

それこそ、今のあなたがするべきこと。すぐに取りかかりましょう。毎日、こうして生きていれば、死を怖がっている暇などありませんよね。

「ちゃんと生きた」一生は、「ちゃんと生きる」時間の積み重ねによって生まれます。年を重ねるほど、死と向き合う機会は増えていくでしょう。いたずらに恐れるより、自分の生き方を見直すきっかけにしてみてはどうでしょうか。人が生まれることも日常なら、死ぬことも日常。穏やかに受け止められるようになるといいですね。

お言葉

「自分は明日、死ぬかもしれない」と思って生きてみる。

05

仕事や子育てで、毎日手いっぱい。この先、親にもしものことがあっても、介護はしたくありません。

「自灯明」という言葉で表されるように、仏教は自分をよりどころにして生きることを基本としています。ひとりひとりが自分に責任をもつことで、互いに助け合う気持ちも生まれてくる。自立の上の相互扶助が、人間関係の理想なんです。

平均寿命が80歳を超える日本では、介護を必要とする人の数も増えています。介護を担うのは、配偶者や子どもであることがほとんどでしょう。家族の介護は簡単なことではありませんが、子どもが親の介護をするのは自然なことだと思います。

自分が無事に大人になれたのは、親のおかげです。子どもがこの世に誕生した瞬間から、親は子どもを守り、さまざまなものを与え続けます。

子どもがひとり立ちできるようになるまでの十数年、人によってはもっと長い間、子育ては続くんです。子育て期間中には、さまざまな苦労があったはず。「子どものため」を優先して、自分を犠牲にしてきたこともあるでしょう。

親の心身が衰えてきたとき、頑張って自分を育ててくれたことへのお返しをしよう、という気持ちが生まれるのは、ごく普通のことなのではないでしょうか。親への感謝を忘れ、「介護をしたくない」と思うのは、少しわがままなような気がします。

受けた恩は返す努力をしてほしい

「親子」ではない関係で、同じことをしたらどうでしょう？　長い間、あなたを気にかけ、世話をしてくれた人がいたとします。でも、その人が困って助けを求めてきたとき、あなたは「助けたくない」と知らん顔をする。

事情を知る人は、あなたを恩知らずだと言うでしょう。あなたの振る舞いを知った人は、たぶんあなたから離れていきます。

人間関係は、「お互いさま」で成り立つもの。親子だからといって、一方的に与えられるだけの立場でいてよいわけがありません。それが平気な人は、家庭の外での人間関係もくずれていくと思います。

親と不仲だから介護をしたくない、と言う人もいます。見方をかえれば、自分が好きな相手には恩返しをするけれど、好きではない人からは恩を受けたままでも気にならない、ということになります。

もちろん、こうした気持ちになるだけの理由もあるのでしょう。でも多くの場合、不仲になる原因は、両方にあるもの。全部親が悪いかのように決めつけ、それを介護を拒否する理由にするのは、少し考え方が幼いような気がします。たとえ好きになれなくても、体が衰えて困っているのだから手助けしよう、と気持ちを切りかえることはできるのではないでしょうか。

親と自分の関係は、自分と子どもとの関係に引き継がれます。親の介護をしない人は、将来、子どもに介護してもらうことを期待しないほうがいいでしょう。人生は、トータルでプラスマイナスゼロ。必ず収支が合うものなんです。

お言葉

子どもは親に、育ててもらった恩がある。

第4章

「仕事」についての悩みを手放す

仕事
についての
総論

仕事とは、自分の能力を社会に提供してお金を得ること

生きるのに必要な衣食住をまかなうためには、お金が必要です。仕事はお金を得る手段であり、お金と仕事がつながっていることは間違いありません。

でも、「仕事＝お金のため」ではないと思います。働くこととお金を得ることを、切り離してとらえる視点も必要です。

お金のためだけに働いていると、「もっとお金がほしい→もっと働く」という発想になりがちです。若い頃から健康を犠牲にしてお金を手に入れ、老後は、稼いだお金を失った健康を取り戻すための医療費などに注ぎ込む……。こんな生き方は、なんだか虚《むな》しいと思いませんか？

働くことの本当の目的は、自分の力を社会に提供すること。みなが力を出し合って、暮らしやすい社会をつくることです。

自分ができることをして、身近な人の手助けをする。「端《はた》」を「楽《らく》」にするのが、働くということなんです。お金は、あなたのおかげで楽になった人から「ありがとう」の意味で与えられるもの。最初からお金を目的に働くのは、順序が違います。

もらうことより自分の力を提供することを考える

仕事の基本は、「自分が提供できるものはなんだろう？」と考えることです。「毎月いくらもらえる」「休みが何日もらえる」といった条件を基準に仕事選びをすると、ミスマッチが起こります。もらうことより、まずは自分から与えることを目指してみましょう。

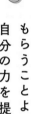

たとえお給料がよくても、毎日の仕事をいやいやこなすのはつらいですよね。でも、自分が興味をもって取り組める仕事ならやりがいを感じられるはず。工夫や努力を重ねることが自然に「端楽」となり、会社への貢献にもつながります。

「端楽」を忘れると、楽をしてお金をもらうことを考えるようになります。でも、自分勝手な働き方は、周りから歓迎されません。いずれ信頼を失い、社内での評価も下がってしまうと思います。

反対に「端楽」ことができる人は周りから頼られるようになり、自然に仕事が集まります。「余計な仕事は増えないほうがよいのでは？」などと思うのは、「端楽」ことができない人の発想。どんな小さな仕事であっても、やればやっただけ本人の力になります。数年単位で見ると、「端楽」人となまけたがる人の間には、大きな力の差がついてしまう。当然、能力が高い人のほうが会社からも認められ、昇給のチャンスにも恵まれることになるでしょう。

お金はもらえるものではなく、稼ぎにいくもの

私は僧侶であると同時に、経営者でもあります。社員にお給料を支払う立場からいえば、お給料が不満なら、昇給の交渉をしてほしいと思います。

もちろん、ただ「もっとお給料をください」と言っても効果はありません。仕事内容とお給料の額を承知したうえで入社しているわけですから、「今と同じ仕事しかしないけれど、もっとお金がほしい」というのは無理があります。

昇給を望むなら、会社のために自分に何ができるかを考えてください。そして、「会社の利益になる○○の仕事をしたいから、お給料を上げてください」とプレゼンしてみてはどうでしょうか。

毎月決まったお給料をもらえる会社員だと忘れがちな感覚かもしれませんが、そもそもお金は「もらえるもの」ではありません。自分の力で「稼ぎにいく」ものです。

お金がない時代の祖先の暮らしを考えてみてください。木の実は空から降ってこないし、獲物が目の前でバッタリ倒れてくれることもありません。生きるために必要な食料を手に入れるためには、自分から木の実を取りに行ったり、狩りをしたりしなければなりませんでした。

どちらも、出かければ手に入るわけではありません。一日歩き回っても、食べるものが何ひとつ手に入らないことだってあったでしょう。

現代社会でお金を稼ぐことも、これと同じです。いつもの野原でぼんやり歩き回っているだけでは、手に入るものが少ないのも仕方のないこと。もっとほしければ、そのために自分に何ができるかを考えること、そして仲間と助け合うことが必要なのではないでしょうか。

01

仕事が遅く、要領もよくない同僚。同じお給料をもらっているくせに……と、イライラします。

自分よりできる人、自分と同等の人、自分よりできない人。職場には、必ず3種類の人がいます。自分と同等以上の人と仕事をするのは、楽なものです。それに対して、自分よりできない人との仕事はストレスフル。実質的な仕事量も増えるかもしれません。でもだからといって、自分よりできない人にイライラするのは当然、ということにはなりません。

職場で、机の脚につまずいて転んだとします。でも、「ここに机を置いたのはだれ？」なんて他人を責めるのはおかしいですよね。人前で転べば、痛さと恥ずかしさでイラッとするでしょう。痛がっても、恥ずかしがってもいいんです。でもその気持ちを、机を置いた人にぶつけるのはただのやつ当たりです。

相手が自分よりできないことと、その人と組んだために自分がたいへんな思いをしたことは事実かもしれません。ただしその事実と、相手の仕事能力の低さにいら立つことは別の問題。相手を責めるのはお門違いです。「私をイライラさせる相手に問題がある」という考え方は、「ここに机を置いて、私に痛い思いをさせた人が悪い」という理屈と同じです。

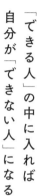

「できる人」の中に入れば自分が「できない人」になる

「仕事ができる・同等・できない」という分類は、相対評価です。今は自分よりできない人にいら立っていても、自分よりできる人たちの中に入れば、おそらく「できない人」という立場になるでしょう。そのとき周りの人にイライラされたら、どんな気持ちになりますか？

そもそも「仕事ができるかどうか」は、自分基準によるもの。客観的に見たら、どんぐりの背比べ、ということも少なくないでしょう。一緒に働く仲間に腹を立て、職場の雰囲気を悪くすることは、会社にとって不利益です。ずば抜けた能力をもっているなら別ですが、能力の差がわずかな場合、多少仕事ができなくても、仲間とうまくやれる人のほうが必要とされるかもしれません。

他人は、自分の思い通りにはなりません。自分を満足させてくれないからと腹を立てるのは、子どものすることです。自分はあの人よりできる、などとおごらず、大人同士としてどのように関わっていくかを考えてみてはどうでしょうか。

チームとして仕事の成果を出すことを目指してみる

仕事ができない人が自分と同じお給料をもらっていることに不満があるとしても、それを理由に、相手に腹を立てるのも少しずれていると思います。だれにいくら支払うかを決めているのは、会社です。本当に不公平だと思うなら、本人に当たるのではなく会社と交渉するべき。または、自分の能力に見合うお給料を支払ってくれる会社を探して転職する方法もあると思います。

どんな優良企業でも、「できる人」だけを集めることはできません。「できる・できない」が自分基準である以上、必ず自分よりできない人が存在します。仕事には、「できない人もいる」という前提で取り組むのが正解なんです。

大切なのは、自分の意識を「人」ではなく「仕事」にフォーカスすること。どんな仕事も、ひとりですることはできません。だから、「あの人が何をしているか」ではなく、仕事全体としていかに成果を出すかに目を向けてみましょう。

視点をかえると、発想もかわるはずです。仕事ができない人にいら立っているだけでは、生産性ゼロ。それより、どうすればチームの一員として機能するか？　を考えたほうが役に立ちます。得意な仕事を任せてみる、マニュアルをつくるなど、きっとできることがあるはずです。

チームの中での働きぶりは、必ずだれかが見ています。仲間をフォローできる人は、みんなから頼られ、大切にされるでしょう。同時に、仕事全体を見て人を動かすことは、リーダーに必要な資質です。自分自身の能力アップや、周囲からの高い評価にもつながるのではないでしょうか。

お言葉

「できない人」がいることと、その人に腹を立てるのは別の問題。

02

違う意見を述べたり、間違いを正したりすると感情的になる同僚。業務上必要なことも、言いづらくて……。

私は以前、幼稚園児を送り迎えするバスの運転手をしていたことがあります。入園直後の年少さんにとって、園で過ごす時間は緊張するもの。バス停で保護者に迎えられると泣き出し、感動の親子再会シーンが繰り広げられます。そんな年少さんの様子を、年長さんは冷めた目で眺める……というのが、毎年お決まりのパターンでした。

あるとき年長さんのひとりが、自分が降りるバス停が近づいてきたときにつぶやきました。「そろそろ泣こうかな」。どうやらその子は、年少さんの感動シーンがうらやましかったようです。そのため、「泣きながらバスを降りる→親が驚き、やさしく気にかけてくれる」という計画を立てていたのでした。人間は5歳にしてすでに、どうすれば自分を大切に扱ってもらえるかを知り、実践しているわけです。

多くの場合、成長する過程で、なんでも自分の思い通りになるわけではないことを学びます。でも人にもまれる経験が少ないと、「怒ったり泣いたりすれば自分の要求が通る」という感覚が抜けきらないこともあります。

こういった人は、感情的になりたくてなっているわけではありません。プライドが傷つけられたり追いつめられたりすると、激しい感情が起こるのを止められないのです。関わる際のポイントは、相手と同じ土俵に乗らないことです。カチンと来ることがあっても、落ち着いた態度を保ちましょう。

そのうえで、日頃から「敵ではない」と思ってもらえる関係づくりを心がけましょう。人間にとっていちばんつらいのは、自我（エゴ）がないがしろにされることです。業務上の注意事項などを伝えるときは、「ちょっと腹が立つかもしれないけど、聞いてくださいね」などと前置きを。いきなり言われると否定や批判のように思えることも、ワンクッションおけば理性的に受け止める余裕ができるかもしれません。

お言葉

前置きの言葉で、相手を落ち着かせる。

03

転職したけれど、同僚がよそよそしい。人間関係に溶け込む方法がわかりません。

お釈迦様は、「友をつくりたかったら与えなさい。自分から与えれば友ができる」と説いています。人間関係は与えられるものではなく、自分でつくるものなんです。

会社は、複数の人が協力し合って仕事をするための組織です。これまで一緒に働いてきた人たちの間に、つながりができているのは当然です。新しい職場で仕事を始めるということは、すでにできあがっている人間関係の中に、ひとりで飛び込んでいくことでもあります。

小学校だったら、転校生を先生が紹介し、「みんな、仲よくしてあげてね」なんて言ってくれるでしょう。子どもたちは「ハーイ」と素直に受け入れ、責任感の強い学級委員が仲よしグループに誘ってくれる、なんてこともあるかもしれません。

でも、大人の世界で同じことを期待してはいけません。まず、「みんなが温かく迎えてくれるはず」という思い込みを手放しましょう。

「さあ、私を受け入れてください」と受け身の姿勢でいるのは、よい方法とはいえません。仲間との距離を縮めたいなら、「よろしくお願いします」という気持ちで、自分から積極的に関わっていくことが大切です。

さらに、本当に受け入れてもらうために必要なのは、自分から「与える」こと。職場に貢献することです。

職場によって、「価値」とされるものは異なります。仕事で成績を上げることかもしれないし、同僚と足並みをそろえて働くことかもしれない。「新人は雑用を引き受ける」なんて理不尽なことかもしれません。でも職場に溶け込みたいなら、いったん長いものに巻かれておくのが早道です。その価値に合わせて職場に貢献することを心がければ、自動的に仲間に取り込まれると思います。

お言葉

人間関係は、自分でつくるもの。

04

子育てを理由にわがままな働き方をする同僚。周囲への感謝もないことに腹が立ちます。

子育てと仕事の両立は、たいへんなこと。会社には子育てを支援する制度がありますが、それを生かすためには仲間の協力が欠かせません。また、制度を超えて、善意から手助けしている人も少なくないでしょう。それに気づかず「優遇されるのが当たりまえ」と思ってしまうのは、本人の心が幼いからだと思います。

ただし、相手の態度にカチンと来たからといって感情のままに振る舞うと、自分が損をします。まずは気持ちの整理をするために、「事実」と「感情」を分けてみてください。事実は、同僚が会社の制度を自分に都合よく利用していること。感情は、周囲の協力に感謝も示さないことへの腹立ちです。

同僚の態度は感心できませんが、明らかなルール違反をしているわけではありません。自分が気に入らないからという理由で同僚を責めたら、いじめになりかねません。

理想的な解決法は、「協力してくれる仲間に感謝したほうがいいよ」と、教えてあげることです。でも怒りの感情を抱えているときに、上手に伝えるのは無理。ついきつい言い方をするなどして、自分が「いやな人」にされてしまうリスクがあります。

大人としての振る舞いができない同僚への腹立ちが募るのは、「自分がなんとかしなければ」という気持ちがあるからかもしれません。でも、自分が裁判官になる必要があるでしょうか？　おそらく職場の仲間の多くは、同じような不満を感じているはず。あなたが制裁を下さなくても、いずれ同僚は信用を失い、社会人としての評価も下がっていくことになるでしょう。

同僚は悪気があるわけではなく、仲間の気配りにも、自分に対する不満や怒りにも気づけないのでしょう。同じことを続けていたら、嫌われてしまいますよね。そんな人には腹を立てるのではなく、あわれみの心をもって接してみてはどうでしょうか。

お言葉

自分が裁判官になる必要はありませんよ。

05

パワハラと言われたらどうしよう？　と不安になり、部下に対して言うべきことも言えません。

ハラスメントはあってはならないことですが、言葉がひとり歩きするのに伴い、線引きが難しくなっている部分もあります。上司という立場なら、ハラスメントをしないだけではなく、一方的に加害者にされないための自衛が必要なこともあるでしょう。部下のタイプや社内の雰囲気によっては、パワハラと言われるリスクを冒すより黙っていよう、という気持ちになることもあるかもしれません。でも、仕事上必要な指導をするのが、上司の役目です。

パワハラ扱いが怖くて言えない、という理屈は、「先方の担当者が怖いから営業に行けません」と言うのと同じ。するべき仕事をしていない、ということになります。

仕事の一環として、言うべきことは言わなければなりません。ただし、言い方とタイミングには配慮する必要があります。まず、相手を傷つける言葉を使ったり、反発されるような態度をとったりしないように注意します。人前を避けるのはもちろん、相手が落ち着いて聞けそうなときを選ぶことも大切です。

パワハラ対策としては、事前に練習しておくことをおすすめします。感情的にならないよう、伝えることは事前にまとめておきましょう。そのうえで、本人を前にしたつもりで声に出して話し、それを録音しておきます。できれば第三者にも聞いてもらい、言葉選びや語調をチェックしてもらいましょう。

それでも不安が残る場合は、部下に伝える際にふたりの会話を録音しておきます。いざというとき、自分の発言や態度に問題がなかったことを証明するのに役立ちます。

人との関係づくりは最初が肝心

必要な注意さえパワハラ扱いされかねないように感じるのは、そもそも部下とうまくいっていないせいかもしれません。「こんなことを言って大丈夫だろうか？」などと、日頃から部下に対してビクビクしすぎていませんか？

自分では気をつかっているつもりが、実は「ご機嫌とり」になっている……ということは、よくあります。以前、幼稚園の先生から聞いたところによると、クラス崩壊は初日から始まるのだそうです。

子どもに嫌われないように……と、最初にご機嫌とりをしてしまうと、先生はクラスをコントロールすることができなくなってしまう。でも最初に「言うべきことは言う」という姿勢を示しておくと、子どもたちとよい関係が築けるのだそうです。

部下に嫌われたくない、という思いが強いと、つい相手の顔色をうかがってしまうもの。でもそれは、大人がとるべき態度ではありません。

私が経営していた整体院では、初めて来院した方には院の方針をまとめたファイルに目を通してもらい、それを了承してくれた人だけに施術していました。ファイルに書かれているのは、おもにマナーに関すること。たとえば「学生で挨拶ができない人には施術しません」などという項目が含まれていました。

こんなルールを設けていたのに、来院する方との間にトラブルが起こったことはありません。その理由は、最初に関係づくりをしていたから。最初はニコニコ受け入れておきながら、途中から「挨拶しない人は帰ってください！」などと言い出したら、不快に思う人も多かったと思います。

「怖いから言えない」ままでは悪循環に陥る

「嫌われるのが怖いから言えない」なんて言っていたら、上司の尊厳を失ってしまいます。そして「言えないこと」がどんどん増えていき、ますます上司として尊敬されなくなる……という悪循環に陥ってしまうでしょう。

これまでご機嫌とりをしていたのなら、あらためて部下との関係をつくり直す努力を。そのうえで、言い方とタイミングに気をつけて注意してみてはどうでしょうか。

ちなみに私がだれかを注意するときは、カメラを通してお釈迦様に見られているつもりになります。「こんな言い方をしたら、お釈迦様から突っ込みが入るな」などと思うため、自分の言動に慎重になれますよ。

お言葉

気配りのつもりで、部下のご機嫌とりをしていませんか？

06

注意しているのに、同じミスを繰り返す部下。どうすれば、私の言うことを聞いてもらえますか？

注意する側は、「言ったことはできるはず」と思いがちです。でも注意された側にとっては、「言われること」と「できるようになること」はイコールではない場合がほとんどです。注意されたことを生かして自力ですぐに改善するのは、優秀な人にとってもなかなか難しいものだと思います。

昔の職人は、弟子を叱るだけで何も教えなかったといいます。師匠の背中から学び、仕事を盗む根性が求められていたんでしょう。でも今は、昔の職人方式が通用する時代ではありません。部下を育てる立場の人には、言葉で教え、行動で示すことが求められています。

人間には成長のステージがあり、それぞれが自分のペースで1段階ずつ上っていきます。ただし、手助けする側が相手のステージを見誤って高いレベルを求めると、怖がってそこから動けなくなってしまうことがあります。部下の成長を促すためには、相手が今どの段階にいるのか、注意深く見極める必要があります。

同じ注意を繰り返しても改善が見られない場合、ちゃんと聞いていないのではないか、反発しているのではないか、などと思ってしまいます。でも部下の姿勢に問題があると結論づけるのは、ちょっと待ってください。注意が空回りするのは、言いたいことが正しく伝わっていなかったり、部下が能力的に対応できなかったりするためである可能性もあります。

能力が不足している人には上司として手を差し伸べる

曹洞宗の祖・道元が「徳あるは讃《ほ》むべし、徳なきは憐《あわれ》むべし」という言葉を残しています。仕事に当てはめるなら、「能力がある人に対してはそれを認め、能力がない人には手を差し伸べてあげなさい」というところでしょうか。部下の能力が不足している場合も考え、ていねいに教え直してみてもよいと思います。

私は学生時代から空手を続けており、今でも地元の子どもたちに教えています。以前、大学の新人戦で優勝経験がある優秀な後輩が、指導を手伝ってくれたことがありました。

彼は、幼稚園児たちにも真剣に向き合ってくれました。練習に身を入れさせようと、「気合いだー！」と何度も叫ぶ！　でも園児たちは、いつものようにマイペースで楽しんでいます。彼は「一生懸命やったのに、言うことを聞いてくれない……」と落ち込んでしまいました。

彼の思いが伝わらなかったのは、なぜでしょう？　熱意が不足していたわけではありません。単に、子どもたちが「気合い」という言葉を知らなかったのです。だから、いきなり「気合いだー！」なんて言われても、子どもたちはポカ～ン。そもそも何を言われているかがわからないのですから、彼が期待する気合いのこもった振る舞いなどできるわけがありません。

大切なのは、言うことではなく伝えること

お釈迦様は、弟子に教えを説くとき「対機説法《たいきせっぽう》」という方法をとっていました。こ

れは、相手の能力や性格、育った背景などを考えたうえで、その人にわかる言い方で話すことです。

人に何かを伝えるためには、「言う」だけでは不足です。大切なのは、言いたいことが相手に正しく伝わること。仕事の場なら、注意した後の行動に注目してみてください。期待した行動につながっていない場合、「言ったけれど、伝わっていない」ことも考えられます。言い方を工夫して、伝え直してみてもよいかもしれません。

5歳児に歯みがきをさせたいとき、「プラークをしっかり落としておかないと、ミュータンス菌が増殖して酸をつくり、エナメル質を溶かしちゃうよ！」と言う人はいませんよね。「歯みがきして、ばい菌さんをやっつけよう」など、子どもにもわかる言葉を選ぶはずです。大人同士でも、同様の工夫は必要。相手の「聞き方」が気になるときは、まず自分の「言い方」を見直してみましょう。

お言葉

あなたの言葉は、相手に伝わっていますか？

07 職場で優遇されるのは、調子のいい同僚。口ベタな私はかわいがられず、正当に評価してもらえません。

どんなにすぐれた僧侶も、「私は悟りを開きました」と自分で判断することはできません。仮にそのレベルに達することができた場合、それを認めるのは師匠です。人を評価することは、本人より上のレベルにいる人にしかできないんです。

上司への不満は、自分には上司が思う以上の能力がある、ということが前提になっています。でも、本当に？　自分の思い込みではないと言えるでしょうか？

また、「自分が正当に評価されていない」という言葉は、「上司が部下をきちんと評価できていない」と言いかえることもできます。つまり、部下として上司を評価しているわけです。そんなことが可能でしょうか？

社内の肩書きがすべてではありませんが、上司である以上、部下より経験や能力が勝っているはずです。「正当な評価ができない人」に見えるのは、仕事に関する自分の理解不足のせいかもしれません。実は上司の判断は正しくて、評価されるポイントについて自分がカン違いしていた……なんて可能性も大いにあります。

仕事ができる人は気に食わなくても評価せざるを得ない

人が人を評価するのは、とても難しいことです。ただし、お給料を「もらう側」より「支払う側」のほうが、見る目がシビアであるのは確かです。

上司が役員や社長ではなくても、部下よりは支払う側に近い立場です。また、部下の評価や成績は、そのチームをまとめる自分の評価にもつながるもの。単に好き嫌いで評価を上げ下げする人は、多くはないと思います。

優秀な部下は自分を支えてくれる存在で、上司としては手放したくありません。また、本当に仕事ができる人は、他部署からも認められていることが多いもの。おかしな評価をしたら、自分の株が下がりかねない！　つまり本当に優秀な人は、少しくらい気に食わないところがあっても、高く評価せざるを得ないんです。

ただし就業期間が短い場合は、能力と評価のミスマッチが起こることもあるでしょう。仕事ぶりを知るためには、ある程度の時間が必要です。一緒に働く時間が短かったために納得のいかない評価をされてしまった、ということはあるかもしれません。いろいろ考えたうえで、それでも評価が正当ではないと思うなら、上司に直接聞いてみてもよいと思います。きちんと仕事をしているつもりであることを伝え、自分に足りないところは何かを教えてもらいましょう。

かわいがられることで実力もアップしていく

調子がいい同僚が優遇されていることを不服に思う気持ちには、器用な人への嫉妬も含まれているように思えます。同僚があなたを追い越して昇進したわけではなさそうです。おそらく、同僚が上司と打ちとけていたり、何かと仕事を頼まれたりしているのを見て、「自分より優遇されている」と感じたのではないでしょうか。

でも、調子がいい人に好意をもつのは、いけないことではありません。そして重要なのは、好意をもってかわいがることと、仕事上の評価は別だということです。

上司には部下を公平に評価する責任がありますが、上司だって人間。データだけでものごとを判断するＡＩではありません。

たとえば同じ仕事を頼んだとき、Ａさんは気持ちよく引き受けてくれるけれど、Ｂさんはブスーッとした顔でしぶしぶ取りかかる。こうした場合、Ａさんに好意をもつのは当たりまえだと思います。同僚がかわいがられるのは調子がいいからではなく、日頃から人を気分よくさせる接し方をしているからではないでしょうか。

かわいがられる人は仕事を頼まれやすいため、自然に経験値が上がっていきます。小さな経験も積み重ねていくと大きくなり、長い目で見ると実力の差につながります。だから、職場ではかわいがられたほうが得なんです。

口ベタだからかわいがられない、というのは思い込み。誠意や思いやりは、言葉にしなくても伝わるものです。正当に評価されない、などとくさらず、気持ちよく働くことを心がけてみてください。

お言葉

自分は仕事ができる？上司は評価ができない？　本当に？

08

職場で「怖い」と言われることが。同じことを男性がしても、何も言われないのに。

人に対して「怖い」という場合、ふた通りの意味があると思います。ひとつめが「荒々しい、またはヒステリック」、ふたつめが「厳しい」。まずは自分に向けられた「怖い」がどちらの意味なのかを考えてみましょう。

そもそも、面と向かって「怖い」なんて言う人は、空気が読めない子どもです。ただし、その言葉が他人からの評価であることも事実。口にする人がひとりいるなら、身近な人の70パーセントぐらいは同じように感じたことがある、と思ってください。

「荒々しい」という意味の「怖い」は、ベースに「女性は穏やかでやさしいもの」という思い込みがあると思います。ドスのきいた声で「ガオー」と吠えるライオンとウサギがいたら、どちらが怖いでしょう？　ウサギのほうが怖いと思いませんか？

その理由は、「ウサギは吠えない」という前提があるから。起こるはずのないことが起こった！　という衝撃が「怖い」につながるわけです。吠えるライオンは普通に見えるのに対して、吠えるウサギは荒くれ者に見えてしまいます。

女性は「穏やかでやさしい」と思い込んでいる人にとっては、ちょっとした乱暴な言葉や動作が「起こるはずのないこと」に思えるのでしょう。そのため、吠えるウサギを見たときのような気持ちになってしまうのではないでしょうか。

「ヒステリック」という意味の「怖い」は、動作に原因があるような気がします。緊張や怒り、焦りといったネガティブな感情は、抑えていても漏れ出してしまうことがあります。中でも他人に気づかれやすいのが、「音」です。

ものをガチャンと置く、本をバタンと閉じる……。本人はさりげなく振る舞っているつもりでも、周りは「機嫌が悪いな」と感じとるもの。こうしたピリピリ感を漂わせていることが多いと、感情的な人、というイメージにつながるのかもしれません。

「厳しい」という意味の「怖い」は、よい意味で受け止めてよいと思います。厳しさとは、一貫性のこと。職場では、きちんと仕事に向き合う姿勢が求められるのは当然のことです。ただし実際の組織は、「できる人の集まり」というわけではありません。環境によってはだらけてしまうこともあるでしょう。そんな中で、雰囲気をピリッと引き締める存在は貴重です。

厳しさを「怖い」と言うのは小学生と同レベル

とくにリーダー的な立場の場合、あえて周囲となれ合わず、厳しい雰囲気を演出している人もいるでしょう。でも部下には、「ただの融通のきかない人」に見えてしまうのかもしれません。実際にその立場にならなければ、なぜ厳しくする必要があるのかに気づけないからです。

仕事に対する厳しさを「怖い」と表現するのは、小学生が先生を怖がるのと同じ。わかりやすくラベリングしているだけのことです。言葉通りに受け止めて「私ってそんなに怖いの？」などと思い悩む必要はないと思います。

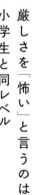

「怖い」イメージを裏切って見せれば評価がひっくり返ることもある

それでも「怖い」と言われることが気になるのなら、「ギャップ作戦」を試してみてはどうでしょうか。一方的に貼られたラベルを、反対に利用してやりましょう。

服装も態度も「いかにも不良」という人が、電車でお年寄りに席を譲るのを見たらどう思いますか？　おそらく、「見た目はやんちゃだけど、めっちゃいい人！」と評価が急上昇するでしょう。

では、同じことを「どこから見てもいい人」がしたら？　もちろん評価が下がることはないけれど、上がり方は小さいはずです。つまり、他人のもっているイメージと行動のギャップが大きいほど、意外性のあるほうに評価が引きずられるわけです。

すでに「怖い」と思われているのなら、ひっくり返すのは簡単。やさしいイメージに直結する、ベタな行動をとってみてください。たとえば休憩時間に、「お疲れさま」なんてお菓子を配ってみる。それだけで「厳しいところもあるけれど、実は気配り上手の超やさしい人」なんて言われるようになるかもしれませんよ。

お言葉

「厳しい」という意味の「怖い」は、ほめ言葉として受け止める。

09

会社で「名もない雑用」をするのは、いつも私。見て見ぬふりをできないせいで損をしている気がします。

野球選手の仕事は、木の棒をボールへ向けて振り回すこと。サッカー選手の仕事は、大の大人が束になって、ひとつのボールを1時間半も追いかけまわすこと。どんなにすごい仕事も、作業レベルに分解するとたいしたことのない作業になります。

僧侶の仕事だって、お葬式でお経をあげながら木魚をポクポク。聞いている人のほとんどは、お経の意味なんてわかりません。それなのに、「ありがたい」と思ってもらえるのはなぜでしょう?

どんなことも、突きつめていく姿勢に意味があるのだと思います。木の棒を振ること、ボールを追いかけまわすこと、むにゃむにゃポクポクとお経をあげること。作業としては単純ですが、真剣に追求することで「仕事」になり、人を感動させたり、感謝されたりするのではないでしょうか。

以前テレビで、大行列ができるパン屋さんが紹介されていました。番組に取り上げられた理由は、その店の人気の理由がパンではなく、レジ打ちの女性だったからです。その女性は、お客さんがパンを選んでいるときから目で追っています。そしてレジの前に立った瞬間、ものすごいスピードでレジを打つ！　その速さが話題になり、女性の技を見たい人が行列をつくるようになったんです。

女性は、真剣に仕事をしているだけ。「お客さまを待たせないように」とレジ打ちを頑張るうちに、自然に速く打てるようになったそうです。

「レジ打ちなんてだれにでもできる」と適当に取り組んでいたら、お店がこれほど繁盛することもなかったでしょう。だれにでもできる仕事も、自分なりに工夫しながら続けていくうちに、自分以外のだれにもできない仕事になっていくんです。

いやいやではなく、「やりたいからやる」と思ってみる

備品の補充や整理、ちょっとした掃除など、会社には、だれがやってもいい小さな仕事がいろいろあります。メインの業務ではないから、気づかないふりをすることも

できるし、本当に気づかない人も多いでしょう。

見て見ぬふりができないのなら、進んで雑用をしましょう。私ばっかり……などとモヤモヤするのはやめ、自分がやりたいからやる、と気持ちを切りかえてください。

カン違いしている人が多いのですが、ボランティア（volunteer）とは、お金をもらわずに働くことではありません。本来の意味は、voluntary（自発的に）に働くこと。自分から喜んで仕事に取り組むのは、報酬をもらっていてもボランティアです。

たとえお金をもらえても、いやいや仕事をするのは地獄。反対に、やりたいことをするボランティアは極楽だと思いませんか？　お金のため、評価されるためではなく、自発的に仕事ができる人は、極楽の住人ともいえるんです。

大きな仕事も 小さな作業の積み重ねからできている

お釈迦様は、「自分の徳を自慢してはいけない」と説いています。「私がやりました！」とアピールしたら、それはボランティアではなく、感謝されて自我（エゴ）を満たすための仕事になってしまいます。「私ばかり雑用をして損をしている」ではなく、「せっかく気がついたんだから、やらせてもらおう」。そんな気持ちで小さな仕事に取り組めば、間違いなく人格が磨かれていくでしょう。

小さな雑用に気づく人は、気づかない人にはない視点をもっています。人が見過ごす雑用に気づき、進んで取り組むスタンスは、あらゆる仕事に表れるはずです。

成功者は、最初から大きな仕事をしているわけではありません。むしろ、多くの人が「どうでもいい」と思うような小さなことを、だれよりも一生懸命やっている。その姿勢がチャンスにつながっていくんです。

人間は精子と卵子から生まれ、体重数十キロにまで成長します。宇宙だって、目に見えない素粒子の集まり。小さなものが積み重なり、大きく変化していくんです。そう考えると、小さな雑用を大切にしないのはもったいない！　と思いませんか？

お言葉

小さな仕事は自分を磨き、チャンスに導いてくれる鍵かもしれない。

10

役職定年を迎え、会社に居場所がなくなったように感じます。あとは定年を待つだけと思うと、仕事をする気になれません。

会社員の場合、50代半ばあたりから定年をうっすらと意識しはじめるようです。一定の年齢で役職を外れる「役職定年」は、会社員人生の終わりを意識する大きなきっかけになるのでしょう。役職定年を迎えると、社内での立場が一気にかわります。そのせいで、自分が必要とされていないように感じたり、定年退職後の人生に不安を覚えたり……と、ネガティブな気持ちが生まれるのだと思います。

肩書きを失ったことで「居場所がなくなった」「仕事をする気になれない」などと思う人は、仕事を自分だけのものと考えているのでしょう。役職者の役割は、会社全体の利益を考えることです。一般社員なら、与えられた仕事をきちんとこなせば合格。でも役職者は、会社の存続や発展を目指す立場です。その仕事をするためにリーダーを任され、給与などの面でも優遇されてきたわけですよね。

会社の未来をつくる役割を担っていた人が、肩書きを失ったとたんやる気を失うなんて、なんだか身勝手だと思いませんか？　そもそも、役職定年の制度があることは承知していたはず。立場の変化で気持ちが揺れるのは無理もないけれど、だからといって仕事の手を抜く理由にはなりません。

肩書きがないと仕事ができない人は会社のお荷物になる

多くの会社は、定年後の再雇用や雇用延長制度を設けています。定年を迎えたときに再雇用などの声がかかるかどうかは、ここからの働き方にかかっていると思います。再雇用などで働き続ける場合、一般社員としてであることがほとんどです。つまり、役職がなければモチベーションを保てない人は必要ないんです。反対に、肩書きの有無には関係なく、これまでの経験や知識を会社に還元してくれる人は、会社にとって貴重な財産。簡単に手放すことはないでしょう。

肩書きにこだわってやる気をなくし、残りの会社員人生を「定年までの時間つぶし」ととらえる人は、会社のお荷物です。「会社に居場所がない」ように感じるのは、そのせいかもしれません。

初心に戻って自分に何ができるかを考えてみる

立場の変化に落ち込んだり将来におびえたりするぐらいなら、初心に戻って仕事に向き合ってみてください。役職を外れるということは、見方をかえれば身軽になったということ。最後にひと暴れするチャンスだと思いませんか？

自分に何ができるか、あらためて考えてみてください。役職者とは違うアプローチで、会社に貢献できることがきっとあるはずです。社内での立場に応じて柔軟に仕事に取り組む姿勢は、きっと会社側にも評価されます。同時に、後に続く後輩たちのよいお手本にもなると思います。

お言葉

肩書きを失ったのではなく、最後にひと暴れするチャンスをもらったのでは？

第5章

「自分自身」についての悩みを手放す

自分自身
についての
総論

自分とうまくつき合えなければ他人との関係もうまくいかない

人の悩みはさまざまですが、最大の問題は人間関係です。そして人との関わり方に関する悩みの根っこには、自分自身とうまく折り合いがつけられないことがあるのではないかと思います。

学校では多くのことを学びますが、内容はすべて自分以外のことです。政治のしくみや因数分解、国内外の歴史……。さまざまな知識を頭に詰め込みますが、自分について学ぶ機会はありません。自分自身のことを教えてくれる塾もなければ、スマホで検索しても自分に関する情報は出てきません。

自分のことを知らないから、つき合っていくのも難しい。どうすればいいのかわからずに混乱し、自分と闘い続けている人も少なくないと思います。自分との関係がうまくいかないのに、自分と他人との関係がうまくいくわけがありません。

苦しみを感じることが
自分の内面と向き合うきっかけに

私たちにとって、つらい思いをせず心穏やかに暮らせるのが理想ですが、苦しみはチャンスでもあると思います。体調がよいときは、健康であることを当然のように思ってしまいます。何も気にせず、食べたいものを食べ、ゲームに夢中になって明け方まで起きていることもあるでしょう。

でも、胃が痛い、頭が痛いといった不調を感じると、体に意識が向きます。そして、昨日は食べすぎたかな、夜ふかしが続いているのがいけないのかな、などと体とのつき合い方を考えるわけです。

苦しみは、「心の痛み」です。痛みを感じることで、やっと自分自身の心に目を向けるようになる。そして自分はなぜつらいんだろう、つらさをやわらげるために何ができるだろう、と考えはじめるのではないでしょうか。

視線を「外」へ向けたままだと、他人しか見えません。そのため、人の成功をうらやんだり、自分と比べて妬《ねた》んだり。ふくらみ続けるモヤモヤを抱えたまま生きていくことになります。

苦しみをきっかけに自分の「内」を見つめることは、自分と向き合うことです。ずっと知らずに生きてきた「自分自身」について知るチャンスなんです。

自分を知るのは、楽なことではありません。怒り、欲、悲しみ、迷い……。「外」だけを見ているときは気づかずにいられたネガティブな感情も見据えなければならないからです。「自分対自分」の語り合いに、ごまかしはききません。

自分を知ろうとしないのは愚かなこと

苦しいときにしてしまいがちなのが、自分以外のせいにして目をそらすこと。つらいのはあの人のせいだ、自分がうまくいかないのは不公平な制度のせいだ、などと都合のよい言いわけをして片づけてしまうわけです。

「自分は悪くない」と思えば、一時的に気が楽になるでしょう。ただし、こうした対処はその場しのぎにすぎません。

高熱でつらいとき、解熱剤を飲めば楽になりますが、発熱の原因となっている病気が治るわけではありませんよね。病気をきちんと治さなければまた熱が出る可能性がありますす。同様に、自分と向き合おうとしないうちは、何度でも同じ苦しみを味わうことになりかねません。

苦しさの原因から逃げ出してみても、結果は同じです。職場の人間関係に悩んで転職したとしても、自分自身は前の職場にいたときのまま。環境をかえたからといって、苦しみがなくなるという保証はありません。

自分の気持ちがわからない人には、他人の気持ちを察することもできません。自分を知らずに他人の情報を集めても、それを有効活用することはできないと思います。

だから苦しいときこそ、自分について学んでください。言うべきではないことを言っていたり、身勝手な思い込みにとらわれていたり……。認めたくない一面からも目をそらさず、正面から向き合いましょう。自分自身を理解しようとしないのは、「無知（愚かなこと）」。そして、無知が自分も人も傷つけているんです。

自分自身を理解しはじめると、心や言葉、行動が自然に整っていきます。気づかずに人を傷つけてしまうことも減るため、身近な人との間にやさしいつながりが生まれやすくなると思います。

01

「運よく」「たまたま」成功する人が妬ましい。自分はチャンスに恵まれないため、不公平だと感じます。

人の命の重さは平等ですが、社会は不公平で不均衡。大人であれば、こうした現実にはすでに気づいているはずです。仕方のないこととして受け入れるしかありません。また、成功に運が関わっていることも事実です。世界有数の大企業であるアマゾンの創業者、ジェフ・ベゾスも、成功の秘訣を聞かれて「運」と答えたことがあるそうです。ただし、運がよければだれでも大成功できる……というわけではありません。「チャンスの神様には前髪しかない」という言葉があります。通り過ぎてからつかもうと思って手を伸ばしても、後ろ側には髪がない。チャンスは巡ってきたときにつかまなければ逃してしまう、という意味です。

チャンスの前髪をつかめるかどうかは、準備ができているるか？　にかかっています。「いいことないかなあ」とボーッとしていたのでは、チャンスの神様の後ろ姿を見送ることしかできません。コツコツと努力を重ねていた人だけが、タイミングをとらえて前髪をしっかりつかむことができるのです。

チャンスをつかむためには準備を整えておくことが必要

私は2014年にYouTubeチャンネル「大愚和尚の一問一答」をスタートしました。きっかけは、悩み相談のためにお寺を訪れる人が増えたことです。

悩みを抱えていても身近な人に相談できないケースもあることや、ひとりで抱え込む苦しみを知り、匿名で相談できる場をネット上に設けられたら……と考えたんです。媒体としてYouTubeを選んだのは「たまたま」としか言いようがありません。

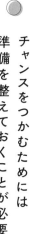

このチャンネルは、私にとって「仏教が人々に必要とされているのか」「僧侶は信頼してもらえる存在なのか」と、世間に問うものでもありました。そのため、家族や友人知人にも何も言わずにスタートしました。知り合いによる拡散ではなく、実際に動画を見た人の評価に委《ゆだ》ねたかったからです。

お弟子さんとふたりだけでこっそり撮影し、広報活動も一切しませんでした。当時はちょうど「ショート動画」が流行りはじめた頃。YouTubeにくわしい人が、「もっと短くしたほうが再生回数が伸びる」とアドバイスしてくれたこともありました。でも私がしたかったのは、対面で行うのと同様の悩み相談を動画にすること。本当に苦しんでいる人に短時間で答えることなどできないので、動画の長さより内容を優先することに迷いはありませんでした。

私が動画配信を始めたのも、口コミで登録者数が増えたのも、運がよかったからです。でも、チャンネルを開設する前から、私には「仏教で悩みに寄り添いたい」という思いがあり、そのために自分がしたいことのイメージもかたまっていました。チャンスが巡ってきたときには、すでに準備が整っていたんだと思います。

人を妬んでも、妬み損。自分の成長に目を向けて

人の成功や幸せを妬む気持ちは、仏教では「怒り」とされています。怒りは、とても強いエネルギー。人をうらやむことに使ってしまうと、自分の成長のために使えるエネルギーが不足してしまいます。

自覚はないかもしれませんが、これまでにチャンスが巡ってきたこともあるはずです。でもエネルギーを怒りでむだづかいしているせいで、準備が整わず、チャンスをつかみそこねてきたのではないでしょうか。

怒りは、心の炎症のようなものだと思います。歯茎に炎症が起これば、早く治そうとしますよね。心の炎症を治す努力をしないのは、歯周病を楽しんでいるようなもの。自分の苦しみを増すだけの、愚かなことです。

怒りは自分が生み出し、自分が感じるものです。怒らせた相手が悪いわけではないし、いくら怒っても相手の成功を自分のものにすることはできません。心の炎症を抱えたままでいても、よいことはひとつもないんです。

だれかを妬んで怒るエネルギーがあるなら、それを自分がしたいことのために使ってください。チャンスが巡ってくるときに備えて、準備を進めておきましょう。

お言葉

人を妬むのは、
エネルギーのむだづかい。

02

子どもが独立し、時間ができたけれど
やりたいこともとくになく、虚しさが募ります。

お釈迦様が体調をくずしたとき、動揺した弟子が「師匠が亡くなったら、私は何を頼りに生きていけばよいのですか？」と尋ねました。それに対する答えが、「自灯明・法灯明《ほうとうみょう》」。「私ではなく、自分自身、そして私が教えたことをよりどころにしなさい」という意味です。

子育てが終わってさびしさを感じるのは、これまでの自分が子どもをよりどころにし、子どもに頼られることに満足して生きてきたからです。でも子どもは、親のために生きているわけではありません。成長し、親の元を離れていくのは当然です。さびしさは、子育てを立派に終えたことの証拠。落ち込んでいないで、「よくやった、自分！」と祝福するべきです。

学校で学び、社会人になり、家族をつくって子どもを育てる……。ここまでの人生には、多くの人が通るレールが敷かれていました。でも子育てを終えた先には、もうレールはありません。

この先、どのように生きるかは自分次第。子育てのために後回しにしてきたことはありませんか？　時間がないためにできなかったことはありませんか？　自分は何をしたいのか、何を目指すのか。じっくり探してみてください。

「だれかの支えになること」を考えると自分にできることが見えてくる

やりたいことが浮かんでこない人は、「だれかの支えになることはできないか」と考えてみてください。家族のために生きてきたこれまでは、「愛の人生」でした。ここからは「慈悲の人生」を歩むことを心がけてみてほしいのです。

愛と慈悲は、似て非なるものです。愛は、本能。動物が自分の子を守るように、自分の大切な人に心を配ることです。これに対して慈悲は、家族以外の人にも思いやりを広げることをいいます。

だれかの支えになろうとすることは、慈悲から生まれる行動です。仕事でも趣味の活動でも、なんでも構いません。これまで家族に向けてきた思いを、ほかの人にも向けることを考えてみてください。

与えることができる人は与えてもらえる人

数年前、97歳で亡くなった女性の葬儀を行いました。高齢のため、本人のきょうだいや友人はみな亡くなっています。普段は離れて住んでいる子どもたちは、身内が集まって地元の公民館で小さな葬儀を、と考えていました。

ところが葬儀が始まると、弔問客が次々とやってきます。僧侶は、焼香がすべて終わるまで読経を続けなければなりません。あまりの弔問客の多さに、終わる頃には、木魚を叩く腕が痛くなっていたほどでした。

弔問客の中には、仕事の昼休みにユニフォーム姿でかけつけた宅配便の配達員の姿もありました。後日、その人に、なぜわざわざ焼香をしに来たのか聞いてみました。

彼によると、亡くなった女性はいつも畑仕事をしていて、通りかかる人に声をかけては野菜を配っていたのだとか。夏に畑の前を通ると、「暑いから飲みなさい」と、わざわざ冷やしておいてくれたコーヒーを持って配達中の車を追いかけてくることもあったんですよ……と、なつかしそうに話してくれました。

この女性の生き方は、まさに慈悲に満ちていると思います。本人にとっては、そんなつもりはなかったかもしれません。でも、彼女とおしゃべりをして野菜をもらったり、暑い日に冷たいコーヒーをもらったりした人たちを幸せな気持ちにしたことは確か。たくさんの人が焼香をしに来たのは、彼女に与えてもらった幸せに、最後のお返しをしたかったからだと思います。

慈悲の心をもつことで、人生は充実したものになります。他人に与えることができる人は、他人からも与えてもらえる。自然に人とのつながりが増え、家族以外の友人もできて……。子どもが帰省しても、「忙しいから」と子どもを放って出かけていく、頼もしい親になれるかもしれませんよ。

お言葉

自分のための自由な人生を、慈悲の心をもって楽しみましょう。

03

仕事、趣味の活動、ダイエット……。やりたいことはいろいろあるのに、いざとなるとやる気が出ません。

人間の体と心はつながっています。整体の仕事をしていた頃、体調が整うと心の状態もよくなる、というケースを見てきました。なんだかやる気が出ない……というときは、まず体調を見直してみてください。体調に問題がないようなら、心のもちようをかえることで改善につなげていきましょう。

野生動物は、「今日はやる気が出ないから狩りに行くのはやめよう」などと考えません。やる気とは関係なく、生きるために動きます。やる気が出なくて困っている人だって、サバンナに放り出されたら「気分が乗らない」なんて悠長なことは言っていられないはず。すぐに水や食べものを探し、身を守る工夫をしますよね。

やるべきことに取りかかれないのは、頭の中で混乱が起きているからでしょう。その理由は、選択肢が多すぎるからだと思います。

「緑茶にしますか？ コーヒーにしますか？」と聞かれたのなら、答えるのは簡単です。さらに紅茶とココアを加えて4種類ぐらいまでなら、あまり迷わず選べるでしょう。でも100種類あったら、すぐに決めるのは難しい！ クリームソーダもいいけど昆布茶も捨てがたい、などと考えるだけで時間がかかってしまいます。

サバンナの真ん中ですぐに動き出せるのは、できることが限られているからです。でも今は、豊かで情報も多い時代。「今すぐやるべきことをやる」以外にも、さまざまな選択肢があります。そのため、まず何をするべきか迷ってしまう。あれこれ考えているうちに時間がたち、やる気も失せる……という悪循環に陥るわけです。

すぐれた人の力を借りて最初の一歩を踏み出す

行動を起こすためには、最初の一歩を踏み出すことが大切です。そのために役立つのが、あえて調べないこと。事前にあれこれ調べると、「もっとよさそうな方法」が目について迷いが生まれます。だから選択肢を減らして自分にできることを選び、とりあえず始めてみてください。

それも難しい場合は、人の力を借りましょう。お釈迦様は「善友《ぜんゆう》に侍《はべ》れ」、自分よりすぐれた人と一緒にいなさい、と説いています。人間は身近な人の影響を受けるため、すぐれた人の近くにいることで、自分もよいほうにかわっていけるんです。周りに自分で決めたことにエネルギッシュに取り組める人はいませんか？　そんな人を見つけて、できれば真似をしてみましょう。

自転車をこぐとき、ペダルが重いのは動きはじめるときだけ。車輪がいったん回りはじめれば、軽い力で進んでいけます。自分ひとりの力では踏み込めないペダルは、善友の力を借りてグッと力を込めてみてください。なかなか取り組めなかったことも、始めてしまえば、続けることはそれほど難しくないものです。

小さな工夫でつまらないこともおもしろくなる

やる気が出ない理由が、「おもしろくないから」であることもあります。人間は、おもしろいことなら進んでやるものだからです。ただし、やるべきことをつまらなくしているのは自分自身であることが少なくないのです。

私は修行中、お客さま用の食事の調理を担当していたことがあります。あるとき先輩が、厨房で働く私にメロンシャーベットを出してくれました。おいしくいただいた後、先輩の言葉にびっくり。材料は、私が捨てたメロンの種とワタだというのです。

私は、深く考えもせず種とワタを捨てていました。でも先輩は、「種とワタは捨てるもの」などと決めつけず、ひと工夫した。先輩の工夫によって、私は食材をむだにしない姿勢を学び、おいしいシャーベットまで味わうことができたわけです。

工夫という言葉は、「人夫工手間《にんぷくでま》」という禅語から生まれたもの。職人の仕事にはさまざまな手間がかけられていることから、創意工夫が大切であることを示しています。「メロンを切って出す」のは、たいしておもしろみのない作業。でも、取り除いた種とワタでひと工夫し、オリジナルのひと品をつくり出すのは、新鮮な仕事です。本人の取り組み方次第で、仕事をおもしろくすることもできるんです。

お言葉

選択肢が多すぎると、今やることを選べない。

04

自分にはなんの取り柄もないように思えて前向きな気持ちになれません。

取り柄の「柄」とは、「取っ手」のこと。火にかけると熱くなる鍋は、取っ手がなければ持つことができません。また、鍋をつくるときはまず金属で鍋の本体をつくり、後から取っ手を取りつけます。

人の場合も、鍋と同じです。取り柄は、人に必要としてもらうためのもの。そして、取り柄がないと感じるなら、後づけしていけばいいのです。

だれにでも、よいところはあります。自分の視点は、意外に偏っているものです。自分の長所や短所を冷静に見極めることは簡単ではありません。

取り柄を知りたいのなら、身近な人に聞くのが簡単・確実です。返ってくる答えは、自分にとってしっくりこないかもしれません。欠点だと思っていた部分をほめられたり、考えてもみなかったことを言われたりすることもあるでしょう。でも、「そんなことない！」なんて打ち消したりせず、素直に受け入れてください。自分には見えないけれど、他人には見えるよさもある、ということです。

自分の取り柄は、必ずしも「やりたいこと」と一致しているわけではありません。今は、自分のやりたいことをやって成功する人が認められるような風潮があります。でも鍋の取っ手が人につかんでもらうためにあるように、人間の取り柄も、本来は他人に役立ててもらうためのものなんです。

「自分のやりたいことに役立つ能力」を取り柄だと考えているせいで、自分に取り柄がないように思えてしまうこともあるのではないでしょうか。自分が培ってきた能力や知識、経験から学んだことなどを見直してみてください。その中には必ず、だれかの役に立つことや人を喜ばせることがあるはず。それこそが、あなたという器にぴったりはまる取り柄です。

お言葉

取り柄は、自分ではなく他人に役立ててもらうためのもの。

05

雑用を押しつけられても、断る勇気がありません。周りから見下されているように感じることも……。

世の中には、頼みごとをされやすい人とされにくい人がいます。人からの頼みごとが多い人は、頼りにされているか、頼みやすいかのどちらかです。

頼まれたことに対処するのは、手間も時間もかかります。本当にやりたくないなら、断ればいい。でも「断る勇気がない」と感じるのなら、頑張って断る必要はないと思います。どんなことであっても、やればやった分だけ自分の力になるからです。

中には、つまらない雑用のように思えることもあるかもしれません。でも、どんなことに関しても、経験がないよりあったほうがいいと思いませんか？

生きていくうえで、自分で解決しなければならないことはたくさんあります。電球をかえる、コピーをとるということだって、やったことがあれば、次からはよりスムーズにこなすことができるわけです。

ひとつのことに集中して突きつめるのもよいことですが、引き出しを増やすことも大切です。狭く深い知識は貴重だけれど、使える場面が限られます。それに対して広く浅い知識は汎用性が高いうえ、応用して新しい発想を生み出すためにも役立ちます。アイデアがものをいう時代には、大きな強みになるのではないでしょうか。

頼まれたら「喜んでやる」ことが信用につながる

頼まれたことを引き受けるときは、喜んでやることを心がけてください。「面倒くさいなあ」と思いながらやっつけ仕事をするのではなく、「ほかの人でもいいのに、自分に頼んでくれた」と受け止めてみましょう。

そして、引き受けたことにはていねいに取り組みます。その姿勢と成果が、自分の能力と信用を高めるからです。

私にも、「お寺の庭の手入れならこの植木屋さん」と決めている人がいます。業者さんはたくさんいるのに、いつもパッとその人の顔が浮かんでくる。これが「信用」というものだと思います。

私には植木の手入れに関する知識はないので、「剪定の技術がすばらしい！」などと技術の高さで判断することはできません。それでも「あの人に頼めば間違いない」と感じる。これまでにお願いした際、気持ちよく引き受け、ていねいな仕事をしてくれたことが、信用の土台となっているのだと思います。

人から頼まれることを誇らしく思っていい

ある年の誕生日、家族が私にパンツをプレゼントしてくれました。私のパンツが古びてクタクタになっているのを見かねたからです。

でも実は、私のパンツのすべてが着古されていたわけではありません。クタクタになっているのは、お気に入りの数枚だけ。なぜそんなことが起こるのかというと、たくさん下着があっても、着心地がよいものばかり使ってしまうからです。

庭の手入れをお願いしようと思うと特定の人の顔が浮かぶように、つい同じパンツに手が伸びてしまう。私は、そのパンツの着心地を信用しているわけです。

ここで、パンツの気持ちになってみてください。私に頻繁にはかれるパンツは、

お言葉

頼みごとをされるのは、信用されている証拠。

「大愚に都合よく使われているんじゃないか」と悩むでしょうか？　むしろ、他のパンツより出動回数が多いことを「頼りにされている」と感じ、私を引きつける自分の性能や持ち味を誇らしく思うのではないでしょうか？

あれこれ頼まれることを、軽んじられているなどと解釈する必要はありません。むしろ、頼りにされている、信用されている、と受け止めるべきだと思います。

仮に軽んじられているとしても、それがなんでしょう？　あなたは相手の頼みごとを引き受けることで着実に力をつけ、信用を増し、徳を高めている。これは自分を鍛え、周りからも求められる人になるためには欠かせないステップです。

豊臣秀吉は、厳しい上司だった織田信長にさんざんこき使われました。秀吉は無理難題も引き受け、仕事に励みました。その結果、何が起こったか？　雑用係にすぎなかった秀吉が、天下人になったのです。

06

仕事も家事もたいへんで、毎日つらい。せめて家族には、気持ちを察してほしいのに……。

人間にとって、いちばん大切なのは自我（エゴ）。だれもが大切にされたいと思っています。気持ちを察してほしい、理解してほしい、と思うのは自然なことです。

ただし、人間関係はギブ＆テイクで成り立ちます。「私の気持ちを察して！」という思いは、人がもっているものをほしがるのと同じことなんです。

ギブ＆テイクの原則は、自分から与えることです。ほしいものがあるなら、まず自分が何かを与える。すると、相手もお返しをしてくれます。

会社の昼休み、同僚が季節限定のチョコレートを持っていたとします。あなたは、それを食べてみたい。ひとつもらうためには、どうするのがよい方法でしょう？

もちろん、シンプルに「ひとつちょうだい」と手を出すこともできます。でも相手は、あなたのことをずうずうしい人だと感じるかもしれません。「スーパーを3軒も回ってやっと買ったのに、なぜあげなきゃいけないの？」と不快に思うかもしれません。こんな場面での正解は、まず自分が何かを差し出すことです。「これ、おいしいから食べてみて」と、おせんべいやアメを渡してみてください。かなりの確率で、相手からはチョコレートが返ってくると思います。

「自分は相手を理解している」という前提は間違っている

私はこれまでに、夫婦間の悩みを夫側からも妻側からも聞いてきました。気持ちがすれ違う夫婦に目立つのは、相手のことをわかったつもりになってしまうことです。

たとえば妻は、料理も洗濯も掃除も子育ても、すべて私がやっている！　と不満を抱えています。そして、自分のたいへんさに気づかない夫が許せない、と言います。

一方で夫は、妻が家事を頑張ってくれることには感謝しているつもり。そして本音では、食事はスーパーで買ってきたお弁当でもいいから、自分が今、仕事でたいへんな状況にあることを理解してほしい、と思っています。

問題は、どちらも「自分は相手の気持ちがわかっている」という前提で相手を責めているということです。妻は夫の状況を「理解しているつもり」で、自分を手助けしてほしいと思っている。夫は妻に「感謝しているつもり」で、自分のたいへんさをわかってほしいと思っている……。お互いに、相手に向かって「ちょうだい」と手を出しているだけなのです。

わかってほしいと思うなら、まずは自分が相手を理解する姿勢を示すのが早道です。帰宅した夫が居間に靴下を脱ぎっぱなしにしたら、当然、カチンと来ます。でも、そこであえて「お疲れさま。たいへんだったね」と言ってみましょう。

自分のつらさを察してもらえたと感じると、夫もお返しをしたくなるはずです。そこを狙って、やさしく「靴下は洗濯かごに入れておいてね」と言ってみる。夫は素直に靴下を拾い上げ、「ごめん。ついでに洗濯機を回しておくよ」。こんなウイン-ウインの展開に持ち込めるかもしれません。

自分が大切にされたいなら
相手を大切にしてみる

甥が幼かった頃、公園に連れていったことがあります。甥は、何度も足を滑らせながら滑り台のスロープを下から上っていき、途中で立ち止まって私を呼びました。どうしたのかとそちらを見ると、大きな声で「頑張ってるって言って！」。リクエストに応えて「頑張ってるなあ」と言うと、「よーし！」と気合いを入れ直し、楽しそうに上まで上っていきました。

大人だって、言えないだけで同じことを思っています。人間は、ほめられたい、認められたいと願う、しょうもない生きものなんです。

職場でも、厳しいだけの上司の下で働くのはストレスがたまります。反対に、上司がたまにねぎらいの言葉をかけてくれれば、もっと頑張ろうと思えるものです。

自分を大切にしてほしい、という気持ちはお互いさま。まずは自分から相手を理解し、ねぎらうことを心がけてみてください。それでも効果がないときは、甥がお手本。「私にも、頑張ってるって言って！」と言ってみてはどうでしょうか。

お言葉

人間関係は、ギブ＆テイク。まずは自分が与えるのが基本。

07

人を怒らせたくなくて、職場でも家庭でも謝ってばかり。自分は悪くないのに、とモヤモヤします。

人間には自我（エゴ）があり、自分も相手も、いちばんかわいいのは自分自身です。だからトラブルが起こったとき、大切な自分を守るために「そっちが悪い！」と思いたいのは本能のようなものです。

だからこそお釈迦様は、自我を薄めていくことを勧めました。社会の中で生きるためには、お互いに自我があることを理解したうえで、相手を傷つけずに生きることが前提。万が一、傷つけてしまったときには、誠意をもって謝ることが大切なんです。

謝罪する際に欠かせないのは、状況判断です。お釈迦様は、「真実を見なさい」と言っています。起こったことを自分なりに理解し、自分に非があるなら、素直に謝る。非がなければ、謝る必要はありません。

ただし、自分に非がないからといって、相手を責めたり尊大な態度をとったりするのも間違いです。大切なのはどちらが謝るかではなく、状況に応じて適切な振る舞いができるかどうか。誠実な態度で事実を伝え、必要に応じて誤解をとく努力などをすれば、謝罪の言葉なしに解決できることも多いと思います。

また、自分が悪いわけではなくても、「ここは謝っておくのがベスト」と思うのなら「とりあえず謝る」という選択もあり。自分で判断したのなら、後からモヤモヤすることもないはずです。

「相手を怒らせたくないから」「謝罪しておけばすむから」などと口先だけで謝るのはよいこととはいえません。状況判断をせず、むやみに謝るのは「無知」。つまり、愚かな行為と言われても仕方がありません。

すぐに謝ってしまうことが気になるのは、自分の行動に不満があるからでしょう。謝罪する前にひと呼吸おき、状況判断することを心がけてみてください。

お言葉

謝罪の前に、状況判断が大切。

08

悪気はないのに、きつい言葉を使って人を傷つけてしまうことがあります。

私たちが心穏やかに暮らせないのは、心の中に苦しみがあるから。そして、苦しみをつくっているのは自分自身です。お釈迦様は、苦しみを生み出さずに生きる方法として「八正道《はっしょうどう》」を説きました。

八正道のひとつに、「正語《しょうご》」があります。言葉はときに人を傷つける暴力となり、人間関係をこわします。他人とよい関係を築くために、正しい言葉を使いなさい、という教えです。

正語があるからには、反対の意味の「悪語《あくご》」もあります。悪語とされるのは、うそ、陰口、きつい言葉、むだ話の4つです。正語の基本は、まず悪語を避けること。そのうえで、人が楽しくなる言葉、ためになる言葉、調和する言葉、他人との関係をうるおす言葉を選ぶように心がけることが大切です。

お釈迦様は「言葉巧みであること」を勧めていました。悪語の「悪」は、道徳的な意味ではなく、「言葉の使い方が巧みではない」というニュアンスで使われています。

言葉選びは、相手との関係性によってもかわります。信頼や尊敬を感じ合えるような親しい間柄なら、乱暴な言葉も悪語ではなく、「おもしろい表現」として通用することがあるでしょう。でも、信頼関係を築いていない人に同じことを言うのは愚かなこと。相手を傷つけ、反発しか生み出しません。

「きつく言えば伝わる」はカン違い

傷つけるつもりはないのに言葉がきつくなってしまうのは、「伝えたい」という思いがあるからでしょう。強い言葉を使ったり声を荒らげたりするのは、相手の関心をひくためのもっとも簡単な方法です。

でも、きつい言葉を使えば通じると思うのはカン違いです。相手が集中するように思えるかもしれませんが、それはきつい言葉におびえて注意を向けているだけです。

「大きな音がしたほうを反射的に見る」という行動と同じようなもの。聞いてはいるけれど、理解度が高まっているわけではありません。

言葉にのせた思いは、相手が正しく受け止めたときに初めて伝わります。会話とは、キャッチボールのようなもの。自分がボールを投げたら、相手がきちんとキャッチできたかどうか見極めることを忘れてはいけません。

キャッチボールを成功させるためには、相手が取りやすいボールを投げることも大切です。きつい言葉は、消える魔球やコースを外れた暴投のようなもの。だれもが取れるものではありません。

一方的にそんなボールを投げておいて、キャッチできない相手にいら立つのは理不尽です。まずは相手をよく見て、その人にとって取りやすいボールを投げてください。取りにくそうなら、次はスピードやコースを工夫してみる。相手との関係に応じて、上手に言葉を使う練習を重ねていきましょう。

お言葉

あなたの言葉を、相手はキャッチできていますか？

第6章

「人間関係」についての悩みを手放す

人間関係についての総論

人間は「関係」の中で生きるもの。「私」単独で存在することはできない

私ってなんだろう。社会ってなんだろう。人間って、どうしてこんな面倒な関わりの中を生きていかなきゃいけないんだろう？

悩みの中心には常に「私」がいます。でも実は、「私」という絶対固定の存在があるわけではないんです。

お釈迦様は、「この世の中には、単体で存在するものは何もない」という発見をした人です。あらゆる命は「関係」の上に成り立っている……。これを、仏教の言葉で「縁起《えんぎ》」と言います。

たとえば、私が本書の著者であるのは、本をつくりたいと言ってくれた人や、できあがった本を読んでくれる人がいるから。どちらもいなければ、本を書いて出版することはできません。

仮に私が国民的アイドルだったとしても、ファンに向かって「私はトップアイドルです」とは、口が裂けても言えません。言えるのは、「あなたがトップアイドルにしてくれたんですよ」ということです。

出版社や読者との関係があるから「著者」という私が存在し、推してくれるファンがいるから「トップアイドル」としての私がいる。これが「縁起」ということです。

人の悩みのほとんどは、人間関係に関わるものです。苦しいときはとくに、人間関係を面倒で厄介なものと受け止めてしまいます。でも、関係こそ基本であり定番。人間は、関係の上に存在しているんです。

すべての関係は
バランスの上に成り立っている

縁起は人と人との間だけのものではありません。生きもの、自然、あらゆるものに当てはまります。

人は水や空気がなかったら生きていけないし、命をつなぐために植物や動物の命をいただかなければなりません。生きるとは、この世界のさまざまなものとつながるということ。「私」は、ものとものをつなぐハブのような存在なんです。

もし、太陽と地球の距離がわずかに違っていたら？　私たちは生きられないかもしれません。この世界はそもそも、絶妙なバランスの上に成り立っているんです。

バランスが肝心なのは、人と人との関係においても同じです。よりよく生きるために必要なのが、「宇宙の中で、自分がいちばん大切にされたい！」という「自我（エゴ）」を薄めていくこと。「自分だけ豊かになりたい」「自分だけ幸せになりたい」という気持ちを手放すことです。

たくさんのものがつながってバランスを保っているとき、周りを見ずに「私が私が」と暴れ出す人がいたらどうでしょう？　おそらく周りから迷惑がられ、関係から締め出されてしまいます。関係がすべての世の中で、「今だけ、金だけ、自分だけ」という生き方が、うまくいくわけはないんです。

「関係を生きる」ことを意識する

会社では社長、家庭では妻や母（夫や父）、実家では子ども、コンビニでは客。私たちは日々、多くの関係の中でさまざまな役割をこなしています。

ただし、社長でいられるのは会社を支える社員がいてくれるから。親でいられるのは、子どもが生まれてきてくれたからです。社長も親も、決して単独で存在することはありません。

バランスを保つためには、自分と一緒に関係をつくってくれる人に感謝し、その中で自分にできることをしていく姿勢が大切です。コンビニで社長面をしていたら嫌われるし、会社で子どものような振る舞いをしたら心配されますよね。だから常に周りを見て、それぞれの関係の中での「私」でいることを心がけてください。

人も虫も木も、命あるものはすべて自我をもって生きています。みな、自分がいちばん大切なのに、「私のほうが地位が高い」「私のほうが金持ちだ」などとぶつかり合うことに意味があるでしょうか？

そもそも関係をつくるうえで、優劣にこだわるのは愚かなことです。太陽と酸素のどちらがえらいか？　などと考えることはありませんよね。どちらがなくてもこの世界が成り立たないことを知っているからです。「私」は関係の中に存在します。関係を構成する他人とは、太陽と酸素のような関係。どちらも同じぐらい大切なのです。

01

趣味のグループに、好きになれない人がいる。できればその人とだけつき合いをやめたい……。

私たちは、自分が接したすべてのものを「好き」「嫌い」「どちらでもない」の3種類に分類して受け止めています。この分類は、もちろん人間にも当てはまります。集団の中に入れば、必ず好きな人、嫌いな人、どちらでもない人がいます。好きな人だけの集団など、この世には存在しません。グループの中に好きになれない人がいるのは、当たりまえなんです。今のグループを抜けて別のグループに加わったとしても、そこにも嫌いな人がいるはずです。

人の好き嫌いに関して大切なのは、感情と理性を分けることです。自分と関わる人を3分類してしまうのは人間の本能です。好きになれない人がいるのは、仕方がないこととして受け入れましょう。でも自分の好き嫌いを理由に、人を傷つけるような言動をとることが許されるわけではありません。

嫌いな人にいてほしくないからと、グループから排除しようとするのは、ただの意地悪。成熟した大人のすることではありません。好きになれないとしても、誠実な態度で接するのが最低限のマナーです。そのうえで適度に距離をおくなど、上手におつき合いすることを心がけましょう。

人間関係は状況に応じてかわっていく

人間関係の基本として知っておきたいのが、好き嫌いの感情は一時的なものだということ。自分のこれまでを振り返ってみれば、わかるはずです。

学生時代はいつも一緒にいたのに、いつの間にか疎遠になっている人はいませんか？　とても気が合ってあちこち一緒に出かけたけれど、結婚や転職などをきっかけに会わなくなってしまった人はいませんか？

人間の気持ちは、状況に応じて揺れ動くもの。成長に伴って、価値観や興味の対象もかわっていきます。今は「好き」に分類している人を、この先ずっと好きでいるとは限りません。何かのきっかけで嫌いになることも、十分に考えられます。反対に、今は嫌いな人を好きになることだってあるでしょう。

人に対する気持ちは固定されているわけではない、ということです。今の人間関係は、「今の自分」に合ったものにすぎません。自分がかわれば、人との関わり方もどんどん変化していくでしょう。

大人なら、嫌いな人とも上手につき合う

当たりまえのことですが、自分以外の人も、他人を3分類しています。忘れてはいけないのが、人間関係は相思相愛なわけではないということ。自分が相手のことを好きなら、相手も自分のことが好きとは限らないんです。

自分はとても気が合うと思っているAさんにとって、あなたは「どちらでもない」人かもしれません。また、自分はあまり好きではないBさんが、あなたのことを大好きな可能性もあります。

自分に嫌いな人がいるということは、他人にも嫌いな人がいるということ。どんなにすばらしい人格者でも、だれからも嫌われない、なんてことはありません。つまり

かなりの確率で、自分もグループ内のだれかに嫌われているわけです。

そんなはずはない、と思いますか？　その根拠はおそらく、「だれも自分に対していやな態度をとらないから」でしょう。

でも、そんなことは「嫌われていない」と信じる理由にはなりません。大人なら、「嫌いな人は傷つけてもいい」などと思わないはず。あなたのことは嫌いだけれど、きちんとした態度で接しているだけ、という可能性だって大いにあるんです。

好き嫌いは、単なる個人の感情です。自分の好き嫌いがグループ全体のジャッジであるかのようにカン違いしてはいけません。

趣味のグループであれば、一緒に過ごす時間はそれほど長くないはずです。個人的な好き嫌いにこだわりすぎず、グループ全体で気分よくおつき合いすることを優先してみてはどうでしょうか。

お言葉

自分に嫌いな人がいるのだから、
自分を嫌う人もいる。

02

心から理解し合い、なんでも話せる友だちがいません。親友がいる人がうらやましい。

結論から言うと、「理解し合い、なんでも話せる」一生ものの親友がいる人はいないと思います。人との関係は、変化するものだからです。

学生時代に仲がよかった友だちから数年ぶりに連絡があり、うれしくなって会いに行くと保険の勧誘をされた、なんて話は珍しくありません。こんなことが起こるのは、人間は移りかわっていく存在だからです。

自分を振り返ってみてください。学生時代の自分、結婚した自分、転職した自分、子どもをもった自分……。暮らし方や考え方がどんどん変化し、それに合わせて人間関係もかわってきているのではないでしょうか。小中学校時代の親友とのつき合いが続いているとしても、つき合い方はかわっていると思います。

今はすべてを分かち合えるような関係でも、いずれ状況はかわるもの。それに伴って気持ちのズレも生じます。お互いに親友と思っていられる期間は、それほど長くないのが普通だと思います。

そもそも「自分のすべてを理解し、なんでも話せる親友」という存在は、人間の希望と幻想がつくりあげたもののような気がします。他人をそこまで寛容に受け止められる人間がいるなんて、とても信じられません。

そんな友を探してもむだだとわかったから、人は神を求めたのだと思います。自分のすべてを理解し、受け止め、認めて許してくれる存在として、神を信じるようになったのではないでしょうか。

自分を理解してくれる友より高めてくれる友を探す

釈迦は、親友ではなく「善友」を求めなさい、と説いています。善友とは、人格的にすぐれ、自分の先を行ってよい影響を与えてくれる人のことです。

弟子のアーナンダが「善友がいることで、修行のどのぐらいが達成できるのですか？」と尋ねたとき、お釈迦様は「すべてです」と答えています。自分を導き、押し上げてくれるような友の近くにいることには、それほど大きな価値があるということです。人間同士、すべてを理解し合うことはできませんが、善友とは心の深い部分でつながれると思います。こうした友の存在は、人間に幸福をもたらしてくれるもの。親友がいないことをさびしく思うのなら、善友を探してみてはどうでしょうか。

よい友に出会いたいなら自分の心を磨き続ける

善友に巡り合うための方法は、ただひとつ。自分の人格を高めることです。

収入が上がると、お金に魅力を感じるリッチな人たちとのつながりができます。知名度が上がると、有名であることに魅力を感じる人たちと親しくなります。そして人格を高めた場合も、同じことが起こるわけです。

お金をもっていたり、有名だったりすることも、もちろんその人の魅力のひとつです。でもこうした魅力は、他人と比べて相対評価されがちです。

「リッチで素敵！」と寄ってきた人は、もっとお金をもっている人に出会ったら、そちらに乗りかえていくでしょう。この関係は、善友とはいえません。人間の外側を飾るものを基準にしているうちは、だれかと心でつながることは難しいんです。

これに対して人の内面は、一律に他人と比べられるものではありません。その人の人間性に魅力を感じたのなら、一方的に見限ることはないでしょう。仮にもっとすぐれた人に出会っても、違う魅力をもつ善友が増えるだけのこと。優劣をつけてどちらかを選ぶ、ということにはならないはずです。

お金や知名度を頑張って手に入れても、失ったり奪われたりすることがあります。でも心を磨くことに後戻りはありません。磨けば磨くほどよりよい自分になっていくだけ。おまけに、善友は高め合う仲間。自分から何かを奪ったり裏切ったりすることは決してありません。

人の心は、一生、成長期です。善友を求めるのに、遅すぎることはありません。今すぐ「人格磨き」に取りかかってみてください。

お言葉

親友ではなく、善友を求める。

03

結婚していないことを理由に見下されたり「精神的に未熟」と思われたりするのは仕方がないこと?

ひとりの生活は、何ごともマイペースで進められます。起きる時間も寝る時間も自由だし、誘われて急に出かけたり休日に一日中ゴロゴロしていたりしても、だれにも迷惑をかけません。

でも結婚生活が始まると、そうはいきません。家族と生活リズムを合わせる必要があるし、自由な時間の使い方にも家族への気配りが求められるでしょう。結婚して初めて、人は自分の思い通りにならないことを体感します。結婚は、人との関わり方をあらためて学び、人間的に成長させてくれるものなんです。

ただし、だからといって結婚していない人が未熟だということにはなりません。さまざまな人にもまれることで、人の心は育ちます。大切なのは結婚しているかどうかではなく、人と関わる経験や、そこから何を学ぶか? ということだと思います。

結婚していない人を「結婚できない人」と見下すのは、ただの偏見です。言う側も本当にそう思っているというより、相手を見下すためのよい理由として社会的な偏見を利用しているのではないでしょうか。

たとえば「成功した女性」として頭に浮かぶのは、結婚して、家を買い、子どもをもち、子育てが一段落したら仕事を再開……などという生き方。世間にはなぜか、女性はみなこうした成功モデルを目指すものだ、という空気があります。そのため、とりあえず「結婚した」段階に到達した人は、結婚していない人より一歩先を行っている気がするのかもしれません。

人間にとって大切なのは充足して生きること。結婚しても満たされない人もいれば、結婚しなくても充足している人もいます。不快なことを言われたときは、満ち足りた笑顔を浮かべて「あなたは結婚して幸せ？」と聞いてみることをおすすめします。

お言葉

結婚は成長のきっかけ。
でも、幸せでなければ意味がない。

04

私たち夫婦に子どもがいないからと「かわいそう」と言ってくる人が不快です。

自分の遺伝子を残そうとするのは、生きものの本能。人間が自分の子どもをもちたいと思うのは、ごく自然なことです。ただし、子どもを望んでも恵まれない人や、子どもをもたない選択をする人もいます。事情は人それぞれで、他人が口を出すことではありませんよね。

「子どもがいなくてかわいそう」という言葉は、言われた側を傷つけたり不快にさせたりすることが少なくないと思います。デリカシーに欠ける発言であることは事実ですが、悪気がないことがほとんどなのではないでしょうか。

結婚してスムーズに子どもに恵まれた人は、「結婚すれば子どもをもてる」と思い込みがち。自分を基準に考えるので、子どもがほしいけれど恵まれない人の気持ちはわからない。そのため深く考えもせずに「かわいそう」などと言ってしまうわけです。

また、だれもが子どもを望むものだと思っている人は、「子どもがいない＝子どもに恵まれない事情があるに違いない」と深読みして同情することもあるでしょう。子どもをもたない選択をしたのかも？　という方向には、想像力が働かないのです。

「結婚すれば子どもをもつもの」というのは、社会にはびこる思い込みです。でも、こうした偏見をすぐになくすことは難しい！　不快な発言は悪気のないものとして受け止め、いちいち悩まないようにするのが現実的だと思います。

人間には、「自分が生きた証」を残したいという本能があるはず。大切にしているペット、打ち込んでいる仕事、ていねいに手がけた趣味の作品……。子どもをもたない人にも、「子どものような大切な存在」があると思います。子どもがいないことを「かわいそう」と言われたときは、「私にとっては、自分の作品が子どもなんです」などと、格好よく切り返してみてはどうでしょうか。

お言葉

「かわいそう」は思い込みから出る言葉。

05 仕事をもつ友人に、「専業主婦は世間知らず」と言われることにモヤモヤします。

「世間」という言葉は、仏教用語です。サンスクリット語の「ローカ」に中国で漢字が当てられ、それが日本語読みされるようになったものです。仏教用語としての「世間」の意味は、諸行無常。世の中は移りかわるものだ、という道理を表しています。

人、自然、物質、社会。私たちが生きる世界では、すべてが変化し続けています。このことを理解していない人が、本当の世間知らずです。

生きものは年老いて死んでいくものなのに外見の衰えを嘆き、死を恐れる。自分が入社した大企業は永遠に安泰だと信じて、危機感をなくす……。世間知らずとは、こういった人に向けられるべき言葉です。

いわゆる「専業主婦は世間知らず」のような言葉が意味するのは、「最新の話題や情報を知らない」といったことでしょう。でも、ビジネスに関する知識や社会の情勢を知っているのが、そんなにすごいことでしょうか？

雑多な情報を頭にたくさん詰め込んでいても、諸行無常の道理を知らない人は「無知」。つまり「ちょっとおバカさんですね」ということです。

本当に知るべきことを知ることが大切

先にも述べましたが、私が住職を務める福厳寺では、修行体験ができる「テンプルステイ」を行っています。3カ月の修行期間中は、スマホ禁止のルールがあります。参加者は、最初はとても焦るようです。毎日SNSなどから仕入れていた情報が途絶えることで、社会に関わり続けている仲間たちから取り残されてしまったように感じるのでしょう。

でもしばらくすると、自然に焦りが消えていきます。毎日、必死になってかき集めていた情報は、べつに知らなくてもよいことだったと気づくからです。

これまでの自分は、大切なことを知らなかった。もしかしたらどこかで気づいていたのかもしれないけれど、知らないふりをしてごまかしていた……。参加者のひとりは、こんな風に感じたと話してくれました。

いわゆる「世間知らず」は恥ずかしくない

主婦は、人間の暮らしの基本である家庭生活のプロです。旬の野菜を最高においしく調理することができるし、服についたソースのシミの落とし方も知っています。庭に咲く花で季節の移りかわりを感じ、家族の変化を見守っています。こうしたことは、最新情報より、ずっと価値があると思いませんか？

毎日忙しすぎると、身のまわりの変化や自然の美しさに気づくことができません。忙しいという字は「心を亡くす」と書きますが、まさにその通りです。脳で先へ先へと考えるばかりで、「感じる」ことを忘れてしまう。そのせいで、世の中の移りかわりに気づけない「世間知らず」になっていくんです。

人の可能性は、「知らない」ことにあります。何かを知っていると思うと、それ以上学ぼうとしないため、成長が止まってしまいます。でも、知らないと思う人はもっと知ろうとし、見たこと、聞いたことをどんどん吸収していくことができる。「自分は何も知らない」と思う素直な心の持ち主こそ、本当の知恵者なんです。

社会に出てバリバリ働いていることを理由に「自分は世間を知っている」と思う人は、「今の自分が知っている社会」が明日も続くと信じています。学ぶ気持ちをなくしているため、身のまわりの変化を感じとる能力も落ちてしまう。これでは、今もこれからも「世間知らず」のままです。

最新情報を知らない、という意味で「世間知らず」なのは、ぜんぜん恥ずかしいことではありません。そして、本当の意味の「世間知らず」であるかどうかは、社会に出て働くこととはまったく関係ありません。

主婦だろうがバリキャリだろうが、世の中の移りかわりを感じ、受け入れられる人こそ知恵者。日経平均株価を毎日チェックしている人より、風の暖かさで春の訪れを感じられる人のほうが、ずっと世間を知っているんですよ。

お言葉

諸行無常の道理を知らない人が、本当の世間知らず。

06

自己主張が強い人が苦手です。はっきりものを言われると畏縮してしまって会話を楽しめません。

生まれたばかりの赤ちゃんは、「私」という存在に気づいていません。周りが自分を「さっちゃん」と呼べば、自分のことを「さっちゃん」と認識します。でも言葉を身につける過程で、自分のことは「私」「ぼく」などと呼ぶように教えられます。このように教育されることで、私たちは「私」という存在を自覚するんです。

その後、けがをして痛い、おなかが空いたなど肉体的な感覚を通して、さまざまなことを感じる主体としての「私」を意識するようになります。そして、つかみどころのない「私」を宇宙でいちばん大事なものと認識するようになる。これが、人間の「自我（エゴ）」です。自我が芽生えた人間にとって、「私」は常に、もっとも重要でもっとも大切にされるべき存在。子どもは、話の流れとは関係なく会話に割り込んでくることがありますよね？　こうした行動も自我によるもの。自分のことしか見えないため、常に自分のタイミングで行動するわけです。

でも自分自身を大切に思うのは、他の人も同じです。行列に並んでいるとき、「私をいちばん前に入れて！」と思うなら、自分以外の人も同じように思っているということ。行儀よく並んでいるのは、自我を抑えているからです。

それに気づかず、当然のように横入りすると、自分と他人の自我の衝突が起こります。並んで待っている人は、「私は我慢しているのに！」とカチンと来るからです。

自分を最優先してほしくても、周りのことを考えて我慢することができるのが大人。周りが見えず、「私が私が！」とグイグイ自己主張する人を苦手だと感じるのは当然です。自我丸出しで子どものような振る舞いをする相手に、自分の自我が反発するんです。

自我を抑えられないのは大人として恥ずかしいこと

反省して恥じ入ることを意味する「慚愧《ざんき》」は、もとは仏教用語です。「慚」は恥ずかしいことを恥ずかしいと思う気持ち。「愧」は、怖いことを怖いと思う気持ち。お釈迦様は、こうした気持ちをもたないのは「悪の心」であり、慙愧の気持ちをきちんともって生きていきなさい、と説いています。

大人になっても「私が私が」という振る舞いをするのは、恥ずかしいことです。自己主張しすぎる人を不快に思ったときは、自分の行動を振り返るきっかけにしてください。他人の自己主張は不快に思うのに、別の場面では自分も似たようなことをしてしまっている……という場合もあるからです。

周りが見えずに自己主張をする人に腹を立てても、お互いの自我がぶつかり合うだけ。それより、「自我を抑えられない子どもなんだな」とあわれんであげることです。同時に、その人を反面教師にして、自分は適切に自我を抑えることを心がけましょう。

言うべきことを言うのと自己主張を混同しない

自己主張が強い人に苦手意識をもつのは仕方のないことですが、「自己主張」の定義には注意が必要です。同調圧力が強い集団の中では、自分の意見を述べることが自己主張と受け止められてしまうことがあります。

たとえば、だれも意見を出さない会議で積極的に発言した場合、発言の内容以前に「自己主張が強い人」という目で見られることがあります。「みんなが黙っているときに黙っていられないのは大人じゃない」という理屈でしょう。堂々と発言できる人への嫉妬から、「生意気だ」「でしゃばっている」などと悪意のあるとらえ方をする人もいるかもしれません。

でも言うべきことを言うのと、「私が私が」という自己主張はまったく別のものです。自分の意見をはっきり述べるのは、悪いことではありません。そもそも、会議などは意見を出し合うための場。「みんなが黙っているから自分も黙っている」という行動は、自我の暴走を抑えているのではなく、仕事をしていないことになります。

「自分の意見を言う＝自己主張が強い」ということではありません。「はっきり言う人は苦手」などと決めつけず、相手の発言内容にきちんと耳を傾けることが大切です。

お言葉

自己主張が強すぎるのは、大人になりきれていない人。

07

SNSの投稿への反応が気になって仕方がありません。友だちの華やかな投稿をうらやましく思うことも……。

「Out of sight, out of mind.」ということわざがあります「去る者は日日に疎《うと》し」とほぼ同義とされますが、直訳すれば「見えていないものは、心の中にもない」。つまり、自分が認知しないものはないのと同じ、ということです。

投稿に友だちからのコメントや「いいね」がつくと、自分のSNSが見られているんだな、と感じます。では、自分と友だちのやりとりはどこにあるんでしょう？

スマホの中でしょうか？

自分が投稿したカフェの写真に「いいね」がたくさんついたから、みんなから認められたように感じる。「かわいいカフェだね！」とコメントが入ったから、その人が自分に興味をもっていると思う。どちらも、自分の心の中で起こっていることです。

「いいね」の数やコメントの内容から、友だちの気持ちをあれこれ想像しているだけのこと。だって、本当にいいと思わなくても「いいね」を押すことはできますよね。

SNSの反応は、ただの記号です。スマホの中に入っている友だちが、素直な感想を述べているわけではありません。

たとえば、「大愚和尚、調子に乗ってて気に食わない」なんてコメントをお寺で飼っている柴犬のモモちゃんに見せても、無反応でしょう。だれかが私に面と向かってこう言ったのなら、頼りになるモモちゃんは相手の悪意を感じとって、「ウー、ワン！」と抗議してくれるはず。SNSの書き込みには、実体がない証拠です。

SNSで承認欲求を満たそうとするなら　ネガティブな反応もあるのが当然

SNSは便利なツールですが、自我（エゴ）をさらけ出す場として利用するなら、それなりの覚悟が必要です。「こんな素敵なところに行きました」「こんなおいしいものを食べました」という自慢は、子どもが相手の都合も考えずに「見て見て、ねえ、見てったら！」と叫ぶのと同じだからです。

楽しんでくれる人もいますが、求めてもいないのに「素敵な私を見て！」と押しつけられたように感じる人もいるでしょう。たくさんの人に向けて発信する以上、ネガティブな反応が返ってくることがあるのも当然なんです。

自慢やうわさ話は、もちろん昔からありました。でもＳＮＳが浸透する前は、話し手や聞き手がその場にいる人に限られていました。うわさが広がることはあっても、一般人のちょっとしたひと言が、数日で日本中に知られるようなことは決して起こりませんでした。

でも今は、だれかのアンテナに引っかかった投稿は、あっという間に拡散されていきます。ビジネスで上手に利用するならすぐれた広告ツールになりますが、個人的に利用する場合は、リスクがあることも常に意識しておくべきだと思います。

投稿には発信者のバイアスがかかっている

芸能人が高級フレンチの写真を投稿しても「さすが〜」と感心するだけ。でも友だちが同じことをすると、うらやましく思います。身近な相手がしたことは、つい自分と比べてしまうからです。

こんなときに必要なのは、「人をうらやまない自分」になろうと修行することではありません。あなたがうらやましく思うのは、当然なんです。見た人にそう思わせることが、投稿者の狙いなんですから。

ＳＮＳの発信には、常に発信側のバイアスがかかっていることを忘れてはいけません。写真は見たままを写すものですが、何を見せるかは撮影者が決めています。「これからパーティに行きます」と華やかにドレスアップした写真も、加工する前は、背景に散らかり放題の部屋が写っていたかもしれないんです。

私は、自分のＳＮＳのコメントをあまり見ていません。ネガティブなものがあったら、心がざわつくかもしれない。それなら見ないほうがいいと思うからです。

ＳＮＳのせいで苦しさを感じることがあるなら、「Out of sight, out of mind.」を実践してみてもよいのではないでしょうか。

お言葉

ＳＮＳ上のやりとりは、自分の心がつくり出したもの。

08

人から誘われることが少なくてさびしい。自分はだれからも必要とされていないのでしょうか。

人を誘う動機には、2種類あると思います。ひとつめが、自分のさびしさや不安を紛らすため。相手がさびしそうだから、友だちとして一緒に何かを楽しみたいからと誘うのではなく、自分の心の空白を埋めることが目的です。

ふたつめが、よいものを分かち合うため。友だちが好きそうな美術展を一緒に見に行きたい、運動不足を気にしていた友人をハイキングに誘いたいなど、相手も喜んだり楽しんだりしてくれることを望んでいます。

誘われたときにうれしいのは、分かち合うための誘いです。自分がさびしいからとだれかを誘うのは、相手から安心などを与えてもらうため。「私にやさしくして」と求めているにすぎません。

これに対して分かち合うための誘いは、相手に何かを与えようとするもの。相手のことを考えて「私と一緒にこれをいかがですか？」と差し出しているんです。

誘われないことにさびしさを感じるのは、もらうことを求めるばかりで、人に与えてこなかったからかもしれません。他人に与えられる人には、与えてくれる友がいるものだからです。

お釈迦様は修行者に対して、「犀《さい》の角のようにただ独り歩め」と説いています。愚かな友と群れるぐらいなら、孤独に生きていきなさい、ということです。

ただし、修行中ではない人まで「犀の角」になる必要はありません。孤独は悪くないとわかっていても、つらいものです。職場や地域、趣味のグループなど、人とつながれる場は多くもっておいたほうがよいと思います。こうしたコミュニティをきっかけに、誘ったり誘われたりする関係も生まれるのではないでしょうか。

慈《いつく》しみの心を広げていくと ひとりぼっちのさびしさを感じにくくなる

お釈迦様は性別も民族も関係なく、すべての命を慈しむことを勧めています。私たちは大切にする相手を、家族や恋人、親しい友だちなどに限定してしまいがちです。

でも、それ以外の相手にも「友」という感覚を広げてみてください。大切にする相手が一気に増えますよね。

仏教では、そこからさらに慈しみを広げていきます。動物、昆虫、植物……。生きているものすべてを、同じ重みをもつ命ととらえるんです。命がたまたま人間であったり花であったりするだけのこと。そう思うと、命あるものはすべて仲間だという気持ちが生まれませんか?

こうした気持ちが「慈悲心」です。慈悲心が広がっていくと、足元の草も、空の鳥も、道を横切る野良猫も、すべて仲間だと感じられる。人間の仲間と一緒にいるのはもちろんいいけれど、ひとりでいてもそれほどさびしさを感じずにすむんです。

「友だち」の枠を外せば出会う人はすべて友だちに

自分で友だちを限定してしまっていることが、さびしさの原因となっている場合もあります。だれもが年を重ねると、家族と離れたり友人とも会いづらくなったりするもの。自分がひとりぼっちのような悲しさを感じることもあるでしょう。

そんなときは、「友だち」の範囲を修正してみてください。自分の周りにはたくさんの人がいる。日本だけでも、約1・2億人もの人がいますよね。

だれもが無意識で、「誘い合って何かを一緒にできるのが友だち」などの思い込みをもっていると思います。でも命あるものはすべて仲間なのですから、思い切って友だちの定義も手放してしまいましょう。すると、何が起こるか？　出会う人すべてが友だちになり、「人も歩けば友だちに当たる」なんてことになるんです。

私の母は行く先々で、出会った人となれなれしくおしゃべりしています。別れた後に、「どなた？」と聞くと、「知らない」。単に、同じ時間にスーパーで買いものをしていただけの人と楽しそうに話し、評判のよい歯科医を紹介してもらっていたりするんです。母を見る限り、「出会った人はみな友だち」と思えれば、さびしさはなくならないまでも、薄れていくのではないかと思います。

お言葉

命あるものはみな友だち。
出会う人はみんな。

09

ずっと親しくしていた職場の同僚が私の悪口を言っていることを知ってしまいました。

まず、「おめでとう」と言わせてください。親しい友だちだと思っていた人が、あなたの悪口を言っていた。つまり、相手はあなたのことを親しい友だちとは思っていなかったということです。この発見は、あなたにとって悪いことではありません。

もちろん、陰口を言われていたことはショックでしょう。でも、「相手も自分のことを友だちだと思っている」という思い込みを手放すことができたはずです。同時に、自分を見直す機会を与えられたと思ってみてください。

陰口を言うのは感心できませんが、「火のないところに煙は立たない」という言葉もあります。相手がこれまで親しげに振る舞ってきたことを考えると、あなたが相手を不快にさせるようなことを言ったりしたりした可能性もあります。こう考えると、ちょっとヒヤッとしませんか？

自分を客観視するのは難しいものですが、ヒヤッとすることは、真剣に自分を省みるよいきっかけになるものです。相手の言ったことの中には、「自分の言い方がまずかったな」などと納得させられることもあるかもしれません。その場合は、相手の言葉を素直に受け止めて反省しましょう。

でも、悪口を言われる心当たりがまったくないなら、自分が「親しむべき友ではない相手」がわかった、と思ってみてはどうでしょう。自分にも相手にも、好きな人と嫌いな人がいます。あなたにとって相手は好きな人だったけれど、相手にとってあなたは嫌いな人だったのかもしれません。そのことに気づかなかったのは、相手が不快感などを態度に出さない大人の振る舞いをしていたからでしょう。

よい振る舞いで悪口を打ち消すことができる

お釈迦様も、悪口に悩まされたことがありました。お釈迦様と弟子は家をもたず、あちこち旅をしながら教えを説く遊行生活をしていました。教団が大きくなり、お釈迦様の名前が知られるようになるにつれ、お釈迦様を慕って多くの人が集まってくるようになります。

それに嫉妬した人が、ある町で悪いうわさを広めました。そのせいでお釈迦様は町の人たちから冷たい目で見られ、お布施ももらえず、悪口を言われ……。

人々の悪口を耳にした弟子は憤慨し、「こんな町からはすぐに出ていきましょう」と言います。それに対するお釈迦様の答えは、「自分たちは悪口を言われるようなことをしていますか？　もしそうなら、それは反省するべきです。でもそうでないならば、悪口を言われるからとここを出ていくのではなく、とどまって悪口を言う人の正体を見極めましょう」。そして、弟子たちにあえてその町に残ることを命じました。

非のない人の悪口を言い続けることはできない

その結果、何が起こったか？　日々、身近に接することで、町の人たちはお釈迦様のすばらしさに気づきました。うわさ話は間もなく消え、お釈迦様はそれを見届けてから次の土地へ向かったんです。

お釈迦様は、自分たちは悪口を言われるような人間ではないことを態度で証明しました。これがお釈迦様の、悪口への静かなる対処方法です。なかなか真似できることではありませんが、まったく非のない人に対して悪口を言い続けることができないのは事実です。

お釈迦様とは違い、私たちが悪口を言われる場合は、そのきっかけになることをしているせいであることが多いかもしれません。そうであれば、反省する。でも、もしそうでなければ、お釈迦様を見習って堂々とそこにい続ければいいんです。

最初は悪口が聞こえてきてつらいかもしれません。でもきちんとした振る舞いを続ければ、周りは悪口よりあなた自身を信じるようになるでしょう。

悪口は、ひとりでは言えないものです。相手があなたに悪意をもって悪口を言い続けたとしても、だれも取り合わなければそこまで。いわれのない悪口は、いずれやんでいくものです。

お言葉

自分に非がないのなら、堂々とそこにいればいい。

10

親しい友人が深刻な病気になりました。私は、どのように接するべきでしょうか。

人間には、すぐれた記憶力と想像力があります。でもせっかくの力を、過去を嘆き、未来を憂えることに使うのは間違っています。

病気になった友だちとの接し方に悩むのは、未来を憂えているから。病気が進行したら？　亡くなってしまったら？　頭で先へ先へと考えて苦しんでいるわけです。

でも、先走らずに「今」を見てください。友だちは今、生きていますよね？「この人が亡くなってしまったら……」なんてあなたの胸の内を知ったら、「いやいや。生きてますけど？」と突っ込みを入れてくるのではないでしょうか。

フォーカスするべきなのは、まだ起きていない未来ではなく、今。友だちと一緒に過ごす瞬間を大切にすることを忘れないでください。

友だちとしてできるのは全身全霊で相手と向き合うことです。私たちはだれかと一緒にいるとき、頭では別のことを考えている……なんてことをしがちです。それでは、相手と同じ時間を過ごしているとはいえません。体だけではなく、心もそこにおくことを忘れてはいけないんです。

もし残された時間が短いのなら、やっておきたいことがあるはずです。できることがあれば、サポートしましょう。後悔につながるのは、「やらなかったこと」。死ではなく生に向き合い、友だちがなすべきことをするのを手助けしてください。

同情はいりません。「病気になってかわいそう」などという気持ちは、口に出さなくても相手に伝わってしまいます。そもそも、命はいつどこで終わるかわかりません。友だちの病気を嘆いているあなたのほうが、先に亡くなる可能性だってあるんです。友だちとしてできるのは、ともに過ごす時間を楽しむこと。自分の時計を止めて、一緒に過ごす一瞬、一瞬を味わいましょう。

お言葉

死ではなく生に向き合い、一緒に過ごす時間を充実させる。

11 スピリチュアルにのめり込み、セミナーなどに大金をつぎ込む友人が心配です。

何を信じるかは個人の自由なので、スピリチュアルに傾倒することがいけないわけではありません。でも、思想や宗教が与えるものが「教育」なのか「洗脳」なのかには注意が必要だと思います。

得られる知識や情報が本人の成長につながるなら、「教育」といえます。反対に、与えた側の利益につながる場合は「洗脳」に近いのではないでしょうか。

お釈迦様は、友とのつき合い方について、「その人の人生が悪いほうへ向かっているとき、きちんと意見することが大切」と説いています。

目に見えないものや不思議なものに惹かれるのは、人間の本能です。「友だちの人生が悪いほうへ向かっている」かどうかを判断する材料は、何を信じているかではなく、信じることによって本人の生活の質が下がっていないか、ということです。

仮に大金をつぎ込んでいるように見えたとしても、金銭的に余裕がある人にとってはお小遣い程度である可能性もあります。本人の生活に影響を及ぼしていないのなら、そのまま見守ればよいと思います。

意見する場合は、相手が信じるものを全否定しないように注意しましょう。人間は、反対されるほど燃えるもの。否定・批判されるほど、自分のポリシーを守りたいという心理が働き、頑《かたく》なになってしまいがちです。

友としてできるのは、やめさせようとするのではなく正しい情報を与えること。周りからどんなに言われても、本人がその気にならない限りやめることはないからです。

インターネットや本などで、ある程度の情報は集められると思います。スピリチュアルの思想そのものがいけないわけではなく、スピリチュアルを利用して搾取されてしまうケースがある、ということを伝えてみてはどうでしょうか。

お言葉

人間は、
反対されるとかえって燃える。

12 身近な人を亡くした友人にどのように接すればよいのかわかりません。

身近な人を亡くした喪失感は、他人が理解できるものではありません。友としてできるのは、黙って寄り添うことでしょう。

相手の悲しみを癒やしたいと思うと、言葉を尽くしてなぐさめたくなるかもしれません。でも本人にとっては、どんな言葉も虚しく感じられるもの。あえて黙っているのがやさしさなのではないかと思います。

一般的に、四十九日までは何かと忙しいものです。やるべきことの多さは、気を紛らすのに役立つ面もあります。でも忙しさが一段落すると、悲しみやさびしさがどっと来ることが多いものです。

できれば、そこからの時期を支えていってください。大切な人を失った人は、複雑な思いを抱えています。それを乗り越えるのは簡単ではなく、時間もかかるでしょう。

そんなとき、友として寄り添ってほしいのです。ただし、ストレートに「大丈夫？」「元気出して！」などと言うのは避けましょう。「何かあったら、いつでも声をかけてね」というスタンスを保ち、いろいろな手段で、さりげなく相手への気づかいを伝えてみてください。たとえば、花を贈ること。仏花ではなく友だちが好きな花を選べば、「あなたを元気づけたい」という思いを感じとってもらえるでしょう。手紙やメールで近況をやりとりしたり、旅先から「おいしそうなホッケがあったから」なんて名産品を送ったりしてみるのもいいと思います。

自分の悲しみは、他人には決してわからないもの。「わかったつもり」の言葉は相手を傷つけることがあります。お悔やみや励ましの言葉より、「あなたのことを気にかけているよ」という気持ちを伝えることが、友だちの支えになるのではないでしょうか。

お言葉

黙って寄り添うことがなぐさめになる。

13

お互いに環境がかわったため、ずっと親しくしてきた友だちとのつき合いがつらくなってきました。

環境や自分自身の変化によって、人間関係もかわっていくのは自然なことだと思います。お互いに楽しくつき合えないのなら無理をせず、今は距離をおいてみてもよいのではないでしょうか。

ただしけんか別れのような形にするのは、よい方法とはいえません。今、距離をおいたからといって、一生関わらないとは限らないからです。

離れていく人もいれば新しく出会う人もいる。人間関係は、常に移りかわっていきます。ご縁があれば、いったん離れてもまたつながり、楽しくつき合えるようになることもあるんです。

親しくしている人とのおつき合いを減らしたいのなら、自然にフェイドアウトするのがおすすめです。いきなり連絡を絶つと、相手を傷つけてしまうかもしれません。

自分からの誘いや連絡を徐々に減らし、相手からの誘いは当たり障りのない理由で断る……など、さりげなく距離を広げていきましょう。

プレゼントやおみやげのやりとりなどを負担に感じるのなら、やめることを提案してみてもよいと思います。「私は出かけることが少なくて、なかなかおみやげのお返しができないから」などと言えば、相手が不快に思うこともないでしょう。

連絡が減ったことなどに対して相手から何か言われたら、「連絡できなくてごめんね。ちょっと忙しくて……」などと伝えてみては。環境がかわり、これまで通りのおつき合いがしにくくなったことを感じとってもらえるのではないでしょうか。

密なつき合いをやめたからといって、友だちでなくなったわけではありません。心でつながっている相手とは、年に数回しか会わなくても楽しく過ごせるもの。それぞれの事情に合わせて、つき合い方もかえていけばよいと思います。

お言葉

楽しくつき合えないなら、いったん距離をおいてみる。

おわりに

ある日のこと、大きく開け放した掃き出し窓から、一匹のハエが舞い込んで来て、しばらく私の頭上を飛び回っていました。

ちょうど〆切り間際の原稿と格闘していたときだったので、「まあそのうち、出ていくでしょう」と、作業に集中するつもりでした。

ところが……そんなときに限って、ハエがなかなか出ていかないのです。

ブンブン、ブンブン。

思わず目をやると、そのハエは今や私の頭上ではなく、外に向かって大きく開かれた掃き出し窓の縁にいるではありませんか。

しかし残念なことに、開かれた空間ではなく、閉じたガラス面に向かって、飛んではぶつかり、また飛んではぶつかり、を繰り返しているのです。

自ら飛び入って来たにもかかわらず、出ていくことができなくて、あがき続ける。私はその不器用なハエに、心の中でエールを送りました。「あと10センチ左にズレれば自由になる。がんばれ！」

するとの念が通じたのか、ハエが左にズレたのです。

「よしいいぞ、あと3センチで外へ出られるぞ！」

ところが次の一飛びで、大きく右にズレ、自由から遠ざかってしまったのです。

私はかつての自分を思い出しました。

出口が見つからず、あがき続けるハエの姿が、苦しみから抜け出せずにいた、かつての自分の姿と重なったのです。

お寺に育ちながら、師匠に反発していた青年期の私。仏教など古臭い教えと決めつけて、キラキラした外の世界にあこがれ続けていた私。自由を求めてお寺から飛び出した私は、仕事のこと、お金のこと、人間関係のこと……自分から飛び込んでおいては行き詰まり、そこから抜け出そうと堂々巡りを繰り返していました。

努力しているのに、一生懸命やっているつもりなのに、なぜかうまくいかない。一方で、さほど力んでおられるようには見えないのに、巧みに、穏やかに生きている人がいる。

自己嫌悪と嫉妬心に駆られ、思い込みにとらわれて、素直さを忘れ、賢人の知恵や周囲の心配に耳を傾けることをせず、頑なに自分の考えとやり方を守ろうとする。

私はまさに閉じた窓に向かって飛び続ける、その哀れなハエと同じでした。どん底でもがき続けていた私に、3センチ横にズレることの大切さを教えてくれたのが仏教でした。

もしあなたが今、なかなかジレンマを抜け出せないとしたら、苦しい状況が続いているとしたら、ひょっとして、その努力の延長線上に答えはないかもしれません。

なぜなら、あなたが自由への道と信じる、そのあり方が、そのやり方が、閉じた窓であるかもしれないからです。

仏教は「智慧の教え」と言われています。智慧とは思い込みや固定観念を離れて、ものごとを客観的に見ること。

ブッダの教えは私たちを、自らの思い込みに気づかせてくれます。

この本を読んで、あなたが開かれた窓への「気づき」を得られたならば、こんなうれしいことはありません。

2023年1月

大愚元勝